LE DIVORCE

PAR CONSENTEMENT MUTUEL

Le Divorce

PAR CONSENTEMENT MUTUEL

SA NÉCESSITÉ. — SA MORALITÉ

SUIVI D'UN

PROJET DE LOI

PAR

HENRI COULON

AVOCAT A LA COUR DE PARIS

« Ce qu'il faut avant tout détruire
« pour conserver à la loi sa force
« et le respect qu'elle mérite, c'est
« l'hypocrisie qu'on y a introduite. »

PARIS
IMPRIMERIE ET LIBRAIRIE GÉNÉRALE DE JURISPRUDENCE
MARCHAL ET BILLARD
IMPRIMEURS-ÉDITEURS, LIBRAIRES DE LA COUR DE CASSATION
27, Place Dauphine, 27

1902

A NAQUET

A l'Apôtre du Divorce

Henri Couéon.

INTRODUCTION

Le divorce n'est pas un bien, c'est un remède, quoiqu'il ne soit nullement démontré que le divorce soit un mal plus grand que la vie en commun d'êtres qui se haïssent.

Il serait préférable que les mariages fussent parfaits. Que le mari et la femme s'aimassent toujours comme au premier jour, que l'un et l'autre ne fussent jamais que d'accord, qu'ils adorassent leurs enfants, l'un et l'autre, et autant les uns que les autres.

Enfin, il vaudrait mieux que l'humanité fut sans vices et sans défauts.

Mais... car il y a toujours un mais, à tout, ici-bas ; il n'en va pas ainsi !

Alors, on a inventé, après l'union, la désunion. Comme le disait Voltaire : « Le divorce est né en même temps que le mariage. »

Ecrions-nous, si vous voulez : « Triste humanité », mais ne rendons pas le divorce responsable de tout ce qui arrive de mal dans le mariage. Il y avait autant de mauvais ménages avant le divorce, en France, qu'il y en a aujourd'hui, seulement il y avait aussi plus de malheureux au point de vue conjugal.

On dit que le divorce est une attaque à la sainteté du mariage, qu'il amène le renversement de la famille et la perte de la société.

Eh bien, ce n'est pas vrai.

Ne nous traitez pas trop de vicieux, de corrupteurs, d'athées, quand nous essayons d'étayer le mariage français, et par des concessions devenues de toute nécessité, de le rendre à la fois plus solide et plus habitable.

Le divorce rend le mariage plus digne, plus fécond, plus souple, se prêtant mieux aux mouvements des sociétés nouvelles et aux besoins de l'esprit moderne. Moins tyrannique, moins claquemuré, le mariage devient non seulement plus moral par l'équitable répartition des droits et des devoirs réciproques des époux, mais plus abordable, plus attrayant, plus compréhensible, pour ceux qui ne voulaient plus y entrer, parce qu'ils le considéraient à tort ou à raison comme une prison éternelle.

Grâce à lui, ils ont la chance de pouvoir en sortir s'ils y sont trop malheureux, ou si, décidément, malgré leurs efforts, ils ne peuvent y rester.

Ils le trouvent, enfin, compatible avec les conditions humaines, et c'est bien juste, puisqu'en réalité nous ne sommes que des hommes et que nous n'habitons pas le ciel.

On ne sortira pas de ce dilemme. Ou cette espèce de papillonne qui pousse les hommes et les femmes à se prendre et à se quitter — malgré les lois qui le leur défendent — est le résultat fatal et sans inconvénient, des erreurs impossibles à éviter dans le mariage — et alors pourquoi donner des inconvénients graves à ce qui n'en aurait pas sans les entraves qu'on y apporte ?

Ou bien cette papillonne est un mal auquel il est urgent de remédier. Et alors, il est nécessaire de le laisser s'étaler librement ; car, c'est seulement lorsqu'on connaîtra l'étendue du mal, qu'on comprendra la nécessité d'y porter remède et qu'on trouvera dans l'opinion publique agissant sur l'homme, comme elle agit de nos jours sur la femme, le seul remède possible et efficace. Ainsi s'exprime Naquet et il a raison.

Le mariage, même indissoluble, n'est pas un lien pour ceux qui veulent le rompre et dont les mœurs sont déréglées. La liberté absolue n'est pas un obstacle à la fidélité et à la constance ; bien plus, à notre avis, la liberté est une cause de constance ; grâce à elle, les époux sont obligés de veiller sur leur conduite, et il résulte de la crainte de l'abandon, une foule de concessions et de prévenances réciproques qui peuvent rétablir l'harmonie dans les ménages les plus troublés.

Il ne faut d'ailleurs pas attacher à la loi une puissance qu'elle n'a pas. Ce qui oblige les époux à vivre ensemble, ce ne sont pas les principes écrits dans le Code, c'est leur amour réciproque ou, tout au moins, ce sont l'estime et l'amitié, nées de la cohabitation, qui fait apparaître les défauts, mais aussi les qualités ; — ce sont les difficultés de la vie matérielle, la situation occupée dans la société, et aussi et par dessus tout, l'amour pour les enfants auquel on est disposé à faire les plus grands sacrifices. Par le divorce, aucun de ces éléments si puissants à maintenir la vie conjugale ne disparaît, bien au contraire, il les consolide, il les fortifie.

Le divorce est une institution conforme aux principes de la liberté individuelle, qui devraient former la base de notre droit public, qui sont censés le faire et sur lesquels nous ne saurons jamais trop insister, estimant qu'ils sont nécessaires à la vie de la société moderne.

L'indissolubilité du mariage est la négation de la liberté individuelle, elle rentre dans ces contrats personnels, aujourd'hui heureusement disparus, qui permettaient l'esclavage et les vœux éternels.

On ne pourrait la maintenir, tellement elle semble exorbitante et contraire aux principes fondamentaux de nos civilisations modernes, que si un intérêt social d'un ordre supérieur était en jeu. Il n'en est rien.

La famille et, par suite, l'ordre social, trouvent au contraire dans sa suppression des garanties qui leur manquaient.

Pour nous en convaincre, nous n'avons qu'à nous rappeler que le divorce, après avoir existé de longues années en France, y est rétabli depuis dix-neuf ans, sans que ni la famille, ni l'ordre social en aient souffert.

Pour nous confirmer dans notre opinion, jetons un regard autour de nous et nous nous apercevrons que tous les pays où le divorce a droit de cité — et ce sont là les plus nombreux — présentent, au point de vue social et au point de vue familial, les symptômes les plus rassurants.

Le divorce n'a donc point pour effet de détruire la famille, et la famille est absolument intéressée à sa présence dans nos lois.

Tous les griefs accumulés contre le divorce, le sont également contre la séparation de corps.

Pour être logique, il faudrait proscrire l'un et l'autre moyen de dissoudre le mariage. C'est la thèse de l'absolu. Elle a été soutenue brillamment par des moralistes, par des philosophes, tels que Proudhon ; mais hâtons-nous d'ajouter que jamais personne n'a songé à l'appliquer dans aucune législation depuis que le monde existe, et que l'Eglise elle-même, le véritable champion de l'indissolubilité, a toujours admis au moins la séparation de corps et un régime extrêmement large de causes de nullité de mariage.

La question ne peut donc pas se poser sur ce terrain, et l'on revient fatalement à la proposition suivante :

Quel est le régime préférable, du divorce ou de la séparation de corps ?

Je réponds, sans hésitation, le divorce et la séparation de corps, à cause de mon grand désir de liberté ; j'ajoute cependant que si l'un des deux devait disparaître, ce serait incontestablement la séparation de corps et voici pourquoi :

La séparation de corps a tous les inconvénients du divorce sans en avoir les avantages, et de plus elle a des inconvénients que le divorce n'a pas.

Voici comment s'exprime M. de Marcère, un sage et un modéré s'il en fut, dans son rapport sur le rétablissement du divorce :

« La séparation de corps, c'est le dérèglement de la vie ou le célibat forcé, c'est-à-dire un état contraire, soit aux lois sociales, soit à la nature humaine. Que si, cédant à des impulsions presque irrésistibles, les époux créent, chacun de leur côté, des liaisons non reconnues par les lois et condamnées par les mœurs, quelles sources de douleurs secrètes ? Quelles amertumes à côté des consolations que des âmes trop faibles pour faire le sacrifice de leur être et s'immoler sur l'autel d'une fidélité héroïque, auront recherchées ! Que s'ils demeurent dans l'isolement, quel désert pour eux que la vie ; quelle sécheresse pour des cœurs obligés de refouler les sentiments et les besoins les plus impérieux ; quelle situation pénible, pour la femme surtout, qui souffre également et de la malignité publique et de la compassion qu'on ne lui épargne guère. »

Cette liberté même que la loi avare leur offre, est menteuse. Les époux se surveillent, se poursuivent de leur haine. Ni dignité, ni sécurité pour l'un et pour l'autre. La loi prétend les maintenir dans un état honorable et la société les repousse.

Le divorce, lui, les replace dans un état acceptable, puisque la loi consacre les liens nouveaux qu'ils pourront former. Il substitue la réalité au mensonge et, en rendant les époux à eux-mêmes, il leur permet de regagner la considération du monde par l'usage qu'ils feront de leur liberté reconquise. La séparation, au contraire, les maintient dans l'impossibilité d'une réhabilitation ou dans l'inexorable situation d'un malheur immérité et sans fin. « Le divorce, a dit Mme de Staël, laisse la possibilité de trouver le bonheur dans le devoir. »

Maintenant occupons-nous des enfants.

Le sort des enfants est aussi malheureux depuis

le divorce qu'il l'était avant: il n'est pas pire et je ne sais s'il n'est pas meilleur, le public appréciera.

Examinons d'abord la question légale. Alexandre Dumas fils, un profond penseur et un grand philosophe, l'a résumé en ces termes :

« Un jour, une femme et moi, nous venons dire à la loi : Nous voulons, madame et moi, monsieur et moi, faire une association publique et privée, passer un contrat d'union nous permettant de porter le même nom, d'avoir des intérêts communs, de recourir à toi lorsque notre association légale sera en péril du fait d'un étranger ou du fait d'un de nous deux ; quels sont les devoirs que tu exiges de nous, en échange des droits que nous te demandons volontairement ? »

La loi répond :

« Je puis vous unir et vous protéger aux conditions suivantes :

« Toi, homme, tu devras assistance et protection à cette femme.

« Toi, femme, tu devras soumission et obéissance à cet homme.

« Vous vous devez fidélité l'un à l'autre.

« Femme, tu seras forcée d'habiter sous le même toit que ton mari.

« Homme, tu devras pourvoir aux besoins de cette femme et la recevoir toujours sous ton toit.

« Consentez-vous à ces conditions ?

« Oui.

« Vous êtes unis. »

Des enfants qui peuvent résulter de cette union, la loi ne dit pas un mot, à moins que les enfants n'aient précédé le mariage et que les époux ne veuillent les légitimer, auquel cas elle déclare que, par le présent acte, elle reconnaît comme légitimes les enfants nés des œuvres des deux époux antérieurement au mariage.

La loi n'a aucune sensibilité, ni dans le décret, ni dans l'exécution.

Elle n'a pas à se préoccuper des intérêts moraux des enfants. Les enfants sont pour elle, des citoyens comme les autres.

S'ils ont à réclamer, ils réclameront, et justice leur sera ou non rendue. Si les enfants résultent du mariage, certains articles de la loi, non énoncés dans le contrat matrimonial, règleront les droits de ces enfants comme conséquence du dit contrat.

Les législateurs laïques, quand ils donnent pour raison de l'indissolubilité du mariage l'intérêt des enfants, savent parfaitement que cette raison n'est pas de logique légale puisque, dans aucun cas, la loi n'a préventivement souci de ceux qu'ils invoquent.

Le divorce n'a aucune importance sur les ménages ouvriers, il n'y a apporté aucun trouble. Bien avant la loi de 1884, et sans se préoccuper de la législation existante et sans jamais se préoccuper du jugement qui pouvait leur rendre régulièrement leur liberté, l'homme et la femme se quittaient quand ils avaient assez l'un de l'autre, et allaient créer de nouvelles unions qui, alors, ne pouvaient être qu'irrégulières, sans se préoccuper du sort légal de leurs enfants nés ou à naître.

C'est que le divorce n'a aucune influence sur le peuple, parce qu'il n'a, comme le mariage, hélas ! d'intérêt que pour ceux qui possèdent et qui ont des droits à régler.

Dans la classe ouvrière, le sort des enfants était malheureux autrefois comme il l'est aujourd'hui ; sauf le cas qui était inconnu avant la loi sur le divorce, où, le mari ou la femme se reconstitue un foyer. Là, les enfants sont plus heureux que dans les unions libres qui suivaient les séparations de fait du temps passé.

Chez les paysans, la question ne se pose pas. On ne divorce pas, on ne se sépare pas. Quand on est las l'un de l'autre, on s'assassine, ou l'on continue de vivre ensemble, en se détestant, pour le plus grand malheur des enfants auxquels on donne un détestable exemple. Et si l'on agit ainsi, c'est pour ne pas partager le peu qu'on a et dans l'espoir d'avoir la grosse part en survivant à son conjoint.

Parlons alors de la classe où le divorce a une importance parce que l'on a des intérêts d'argent à débattre.

Ici, on se séparait de corps autrefois. On ne vivait pas plus chastement pour cela après la séparation, et l'enfant assis au foyer illégitime ne pouvait pas recevoir un bien bon exemple. Il est entendu qu'il y avait des exceptions pour confirmer la règle.

Aujourd'hui, on divorce ; la situation de l'enfant est sensiblement la même qu'au temps de la séparation de corps, si les époux divorcés se contentent de se mal conduire. Mais elle n'est pas pire, et il est permis à ces époux qui ne pouvaient s'entendre de trouver des cœurs mieux faits pour les comprendre et de reconstituer une nouvelle famille, heureuse et honnête, au foyer de laquelle l'enfant sera mieux que ne pouvait l'être le plus favorisé des enfants dans le concubinat qui résulte presque fatalement de la séparation de corps.

Mais, dira-t-on, ces nouvelles unions produiront des enfants. La jalousie, la marâtrie, la parâtrie, naîtront au sein de ces nouvelles familles ? D'où graves inconvénients pour les enfants de la première union.

Détestable raison qui ne supporte pas l'examen.

Le concubinat d'êtres jeunes est aussi fécond que le mariage le plus légitime. Le sacrement ne rend pas prolifique. Aujourd'hui, grâce à la permission d'une union légitime, on a la possibilité d'une famille légitime, où les droits de chacun seront sauvegardés. Autrefois, le concubinat produisait une famille illégitime, sans droit en apparence, plus dangereuse et plus armée, malgré la loi, pour ceux qui connaissent le cœur humain, si libre, si indiscipliné, qu'aucun frein ne peut le retenir. Les enfants illégitimes en lutte avec les enfants légitimes, conflits d'affection, conflits d'intérêts, voilà ce que produisait l'ancien régime de la séparation de corps. Que l'on juge maintenant si j'avais raison de dire que sur ce point des enfants, on est souverainement injuste en accusant le divorce d'avoir créé une situation dangereuse.

Le sort des enfants, en cas de divorce, est sensiblement approchant de leur sort dans le cas d'un second mariage après la mort d'un des époux, et alors, comme le dit Naquet : « Ou les secondes noces sont un mal absolu pour les enfants, et non content de proclamer l'indissolubilité du mariage, le législateur aurait dû — comme le conseille le fondateur du positivisme, Auguste Comte — décréter le veuvage perpétuel : ce décret qui aurait imposé la solitude et la chasteté aux veufs, n'aurait certainement pas été vexatoire à un plus haut degré que celui qui les impose aux séparés de corps, et les enfants de ces derniers ne sont pas moins intéressants que ceux des premiers.

« Ou bien les secondes noces nous présentent plus d'avantages que d'inconvénients ; c'est l'opinion du législateur qui les a permises en cas de dissolution du mariage par la mort, et alors pourquoi ne pas reconnaître que les mêmes avantages peuvent se présenter lorsqu'il s'agit d'époux dont la brutalité, la violence ou simplement l'incompatibilité de caractère ont rendu la vie commune impossible ?

« Il n'y a pas de moyen terme, si la loi veut être logique, elle doit proclamer la légitimité du divorce ou décréter le veuvage perpétuel. »

Enfin, ainsi que le fait judicieusement observer M. Léon Richer, on ne tient ordinairement compte, lorsqu'on raisonne de l'intérêt des enfants, que de ceux qui étaient nés au moment de la séparation ; on ne tient aucun compte des enfants à naître.

L'indissolubilité du mariage et le régime de la séparation de corps sacrifient absolument ces malheureux enfants ; c'est donc la société qui, si le divorce n'existait pas, créerait au nom de ses prétendus principes moraux, toute une catégorie de bâtards maltraités par la loi, puisque ces enfants nés après la séparation de corps, ne peuvent être qu'adultérins.

Voilà vraiment la morale publique et l'intérêt de

toute une catégorie d'enfants singulièrement protégés ? Dans ce cas, la loi outragerait la morale et méconnaîtrait incontestablement l'intérêt des enfants.

Reste l'argument tiré du domaine de la religion. Celui-là, à proprement parler, n'existe pas. Le divorce n'est pas obligatoire, et les catholiques sont absolument libres de n'en pas user. Ce n'est pas le divorce que l'Église catholique actuelle interdit en France, c'est le remariage qui, selon elle, constitue un adultère.

L'Eglise actuelle n'a d'ailleurs pas à se préoccuper de la rupture d'un contrat civil qu'elle ne reconnait pas. Le mariage civil n'est rien pour elle. Les époux ne sont véritablement unis que par le sacrement qu'elle leur donne. Or, il n'y a pas de tribunaux civils qui puissent détruire ce que l'Eglise a fait dans cet ordre d'idées.

Enfin, la séparation de corps étant maintenue et possédant depuis la loi de 1893, tous les avantages qui peuvent résulter du divorce, sauf la faculté de contracter une nouvelle union, la conscience des catholiques doit être rassurée, et leur liberté est complète.

Mais puisque l'occasion se présente, je veux examiner un instant, au point de vue historique et canonique, l'opinion de l'Eglise catholique moderne qui, sur ce point comme sur bien d'autres est en contradiction absolue avec les principes de la primitive Eglise chrétienne qui, plus rapprochée de la parole de Jésus Christ, avait apprécié cette question d'une façon absolument différente.

Jamais la religion ne fut mieux suivie, plus respectée que dans les premiers temps, et sur ce point aucune contestation possible, la longue suite des martyrs en est une preuve certaine.

Rien de mieux constaté cependant que l'existence du divorce dans l'empire d'Orient depuis Constantin qui, le premier, embrassa la foi chrétienne dans le quatrième siècle, l'usage n'en était pas moins en vigueur dans l'empire d'Occident et dans la France, dont plusieurs rois furent empereurs.

Pour s'assurer que la suppression du divorce parmi les chrétiens est l'ouvrage de la politique et de l'ambition des papes, il suffit de jeter un coup d'œil sur la conduite qu'ils ont tenue en différents temps à l'égard des princes mêmes qui en ont fait usage.

Il serait assez difficile de concilier l'opinion qu'ont eu les papes sur le fait du divorce à ces diverses époques. On les voit applaudir à une suite considérable de princes qui promulguent une infinité de lois favorables au divorce et contraindre d'autres souverains à abroger ces mêmes lois. Ils canonisent Charlemagne et excommunient Lothaire, et enfin, de nos jours, on est damné pour pratiquer un usage qui n'excluait point du ciel, encore avant le dixième siècle, et que plusieurs saints du Nouveau Testament ont pratiqué.

Le divorce a été la coutume de tous les peuples, et par là ne semble pas avoir besoin d'être justifié. Toutes les églises l'ont adopté, même la religion catholique, jusqu'au xe siècle, et il a été ensuite maintenu dans les églises chrétiennes grecques et dans le très catholique royaume de Pologne jusqu'à sa disparition.

Le divorce a été pratiqué par les premiers chrétiens. On ne saurait alléguer une loi de Constantin qui l'aurait abrogé, et cependant ce prince était aussi pieux qu'éclairé; ses plus intimes conseillers étaient des prêtres. L'Eglise de son temps, n'avait qu'à formuler des prétentions, il ne manquait pas de les satisfaire dès qu'elles étaient raisonnables. Cependant il laissa subsister le divorce; il ne croyait donc pas qu'il intéressa la religion. Tous ses enfants, et jusqu'au du milieu du siècle suivant le consentement mutuel sans bénédiction du prêtre suffisait pour former un mariage.

Il n'en fallait pas davantage pour le dissoudre.

Théodose II et Valentinien III touchés du sort des enfants qui restaient après le divorce, et souvent sans subsistance, sans chercher à donner plus de consistance à un engagement qu'ils supposaient formé par des personnes raisonnables, voulurent qu'à l'avenir, il ne pût être rompu sans formalités.

Ils exigèrent que le divorce fut constaté par un acte solennel; mais et ceci est plus surprenant et fort peu mis en évidence, le mariage ne devint un sacrement de l'Église que sous Léon VI, qui astreignit le mariage à la bénédiction du prêtre comme formalité indispensable en 886.

Cette réforme considérable pour l'Église fut accomplie par le pape d'accord avec l'empereur Justinien qui fut le 18e empereur chrétien. Si le divorce avait été condamné par l'Église chrétienne c'était, il faut l'avouer, une occasion unique de le faire disparaître de la législation impériale. Or, oh! surprise, nous voyons au même moment, ce même empereur Justinien codifier les règles du divorce comme il avait codifié les règles du mariage. Personne n'ignore, que le code de Justinien a servi de base à toutes nos lois, est en quelque sorte encore aujourd'hui en vigueur parmi nous, ses principales règles subsistant dans notre code civil.

Justinien admettait la volonté mutuelle comme équivalant seule à tous les griefs, et conformément à la raison, opérait le divorce d'une union à laquelle les parties renonçaient d'un commun accord.

En effet à côté des causes déterminées, il n'était pas moins essentiel de secourir ceux que des raisons secrètes désunissaient, ou qui, par respect pour eux et pour le public, aimaient mieux être les victimes d'un chagrin dévorant que d'en divulguer les causes. La voie du divorce opéré par le consentement mutuel des parties, était ouvert à ceux-ci; et elle s'accorde d'autant mieux à la saine politique, qu'en brisant également un joug devenu insupportable, elle obvie aux haines qui suivent toujours les reproches publics et laisse à l'Etat des membres qui, quoique déviés par quelque endroit, peuvent encore lui être utiles.

Le successeur de Justinien, Justin, dans une Novelle placée parmi celles de son prédécesseur, veut que le consentement des deux époux soit un motif suffisant pour dissoudre un mariage, sans qu'il soit besoin d'exprimer aucune autre raison. Il est mû à promulguer cette loi par la considération des maux que souffrent un homme et une femme, obligés de vivre dans un particulier intime, quoiqu'ils soient divisés par un dégout ou une haine qu'ils ne peuvent surmonter.

« Car, dit-il, si l'affection mutuelle fait le mariage, il est juste que l'opposition des caractères en opère la dissolution, pourvu que cette contrariété soit suffisamment prouvé dans l'acte de divorce. »

Le soin pris pendant les dix premiers siècles de

la chrétienté de formuler une foule de lois tendant à réprimer les abus du divorce sans qu'aucune essaya de la détruire et le soin même que prenaient de sages législateurs de conserver au divorce son intégrité, est une preuve bien victorieuse de sa légalité. On ne corrige pas un vice de cette nature, on l'étouffe.

Passons à une autre époque plus rapprochée. Charlemagne que la philosophie compte au nombre des grands hommes, et la religion au nombre des saints, après avoir quitté Himiltrude, en 770, pour épouser Hermangarde, fait un nouveau divorce avec cette princesse, et se remarie à Hildegarde, en 771. Enfin, il divorca une seconde fois et épousa Frastrude, fille du comte Raoul. Si la loi de l'indissolubilité eut existé alors, l'Eglise aurait-elle canonisé un prince qui, deux fois, y serait contrevenu? Et pas d'équivoque possible, l'histoire est là pour y répondre.

Il les épousa successivement avec les solennités usitées, après s'être dégagé de la première et de la seconde par la voie légitime d'un divorce alors connu public.

Écoutons d'ailleurs Saint Charlemagne dans un de ses capitulaires. Il porte que ; « selon le précepte de Dieu, un mariage légitime ne pourra être séparé, excepté pour cause d'adultère, si ce n'est du consentement des parties, et cela pour le service de Dieu. » Ce capitulaire permet donc le divorce : 1° pour cause d'adultère ; 2° du consentement des époux, pour le service de Dieu. Dans cette dernière phrase je ne puis voir, comme le prétend un auteur, l'obligation de se faire moine ou religieux ; et certainement Charlemagne, après ses deux divorces, n'est pas entré dans un monastère.

Le moine Marculphe nous a conservé dans son recueil de formules, en 672, le modèle des lettres ou contrats que faisaient entre eux, des époux qui voulaient se séparer ou divorcer : « Attendu, portaient ces lettres, que des causes certaines et prouvées donnent lieu au divorce entre le mari et la femme, et que ce n'est plus la charité chrétienne, mais la discorde qui règne entre les deux époux, ils ont cru devoir se séparer. A ces causes, ils sont convenus, par les présentes lettres, que chacun d'eux pourrait, à sa volonté, passer soit dans un monastère, soit dans les liens d'un nouveau mariage. »

Ce n'était donc pas seulement le privilège des rois, c'était l'usage de la nation, pratiqué sous les yeux des pasteurs et du clergé, liberté condamnable, sans doute, en ce qu'elle dégénérait souvent en licence. Si l'église a vu qu'elle en devait corriger l'abus, elle a très bien vu ; mais, que ses préposés n'aient su trouver le remède que dans un autre extrême, que dans l'excès précisément opposé; c'est en vérité ce qui n'était guère habile de leur part

La puissance des papes s'élevait rapidement. Rome redevenait une seconde fois la maîtresse du monde, et les souverains Ponitfes s'avançaient vers la monarchie universelle.

Tous, animés d'un même esprit, cherchaient à conquérir, non des terres, non des sujets, non des pays, mais des usages, et le mariage, qu'ils avaient d'abord négligé, devint une de leurs plus riches conquêtes.

Ou plutôt ce fut par une usurpation lente et détournée, par des menées sourdes et imperceptibles, qu'ils élevèrent, par degrés, le pouvoir spirituel sur le pouvoir temporel, se rendirent seuls maîtres des conditions et des formes nécessaires pour le mariage, et seuls juges des dispenses et des cassations.

Pour attribuer au pouvoir ecclésiastique les cassations de mariage, il fallait ôter le divorce au pouvoir civil. Le divorce fut donc supprimé ; mais l'a t-il été par une loi précise et solennelle ? Reprenons le fil de l'histoire.

On sait que Jésus-Christ, d'après l'ensemble et l'esprit de ses paroles, permettait le divorce, en menaçant de la vengeance céleste ceux qui en abuseraient. Mais cette interprêtation, si simple, si naturelle, consacrée par les trois premiers siècles du christianisme, n'était pas favorable aux intérêts de la Cour de Rome et du clergé. Elle donna lieu, dans le quatrième siècle, à diverses contestations.

Le clergé prétendit d'abord que Jésus-Christ avait permis le divorce, mais pour la cause d'adultère seulement; c'était interprêter l'expression employée par lui dans le sens le plus resserré et le plus éloigné de sa sagesse et de sa bonté.

Ensuite il prétendit que Jésus-Christ n'avait pas permis le divorce, même pour cause d'adultère; c'était alors nier ce qui était dans l'Evangile. La première assertion était un abus de mots, la seconde une fausseté.

Aussi le Concile d'Arles, en 314, composé de 600 évêques, n'osa décider la question. Il se borna à conseiller aux époux de ne pas se remarier du vivant l'un de l'autre; c'était un premier pas vers le systême favori des papes.

Cependant les écrivains ecclésiastiques se partagèrent sur cette question : saint Ambroise et saint Épiphane se déclarèrent pour le divorce; saint Augustin pencha pour l'opinion contraire; mais il avoua que les avis étaient partagés et l'écriture sainte un peu obscure à cet égard.

Ce fut en 886 que les papes obtinrent de Léon VI, que la bénédiction nuptiale, qui n'était jusqu'alors qu'une forme accessoire au contrat civil, serait à l'avenir indispensable. Dès ce moment, le mariage passa du pouvoir civil au pouvoir ecclésiastique, et l'on commença à connaître les dispenses et les cassations, deux sources de la richesse et de la puissance de Rome.

Cependant le système des papes s'établissait; sans prohiber ouvertement le divorce, ils y substituaient la cassation, qui leur convenait mieux, par la seule raison qu'ils en étaient les juges. Les rois s'en mirentpeu en peine, parce que, quand un hymen leur déplaisait, il leur était égal de le faire dissoudre ou de le faire déclarer nul. C'est ainsi que Louis-le-Gros quitta Luciane de Rochefort; Louis-le-Jeune, Eléonore d'Aquitaine ; et Philippe-Auguste, Isemburge. Il suffisait de trouver ou de supposer, un degré quelconque de parenté. C'est ainsi enfin que Henri IV fit annuler son mariage avec Marguerite de Valois. Eh ! pourquoi ces princes n'osaient-ils dire leurs vrais motifs, quand personne ne les ignorait? Pourquoi recourir à un subterfuge indigne de la morale et de la religion ? à des mensonges publics qui souillaient également la bouche d'un roi de France, et l'oreille d'un chef de la chrétienté? Les effets du divorce et de la cassation sont les mêmes ; les moyens seuls sont différents : l'un a une marche franche ethonnête ; l'autre une marche oblique et mensongère ; et c'est ce dernier que l'on préférait ! Sans doute ; c'est le seul qui donnait à Rome une juridiction et des épices.

Comment s'est perdu l'usage du divorce ? Une lente usurpation l'a enlevé à l'insouciance des peuples et à l'ignorance des temps ; les décisions des conciles qui le défendaient, ont insensiblement prévalu sur celles qui le permettaient. On va voir si l'indissolubilité du mariage est une des vérités éternelles sur lesquelles les conciles n'ont jamais varié.

On met au nombre des canons des conciles en 76, les constitutions attribuées aux apôtres, et reconnues pour être de leurs successeurs ; elles défendaient le divorce sans cause ; mais, quand il y avait un juste motif, elles le permettaient, et même le prescrivaient (1).

Le concile d'Elvire en 313, excommunie les femmes qui, ayant quitté leurs maris sans sujet, en épousent d'autres. Il leur permet donc implicitement de se remarier, quand elles auront eu un sujet de quitter leurs époux (2).

Celui d'Arles en 314, conseille seulement aux époux dont les femmes ont été adultères, de ne pas

(1) Il n'est pas permis de renvoyer une femme non coupable ; mais conserver celle qui a violé la loi de la nature, c'est violer la loi soi-même. Retranchez cette épouse de votre chair, car ce n'est plus alors un aide (Allusion aux paroles de la Bible), mais un ennemi. Constit. apost. Recueil des Conciles de Labbé, t. I.

(2) Hist. des Conciles, par Hermant, t. 2, p. 50. Recueil de Labbé, t. 1, p. 971.

se marier à d'autres, quoique les lois le leur permettent (1).

Celui de Néo Cœsarée en 314, ordonne au clerc dont la femme aura commis un adultère, de la répudier (2).

Les conciles de Gangres (3) en 340 et de Miselève (4) en 402 sont contraires au divorce.

Celui de Carthage en 407 décrète de demander à l'empereur une loi pour abroger celles qui permettent le divorce (5).

Défendu par le concile d'Angers (6) en 468, il est permis pour cause de fornication, et selon l'Evangile par celui de Vannes (7) en 465.

Celui d'Adge en 506 permet aux époux de divorcer après un jugement de leur évêque diocésain (8). Celui de Tolède en 681 permet aussi de divorcer pour cause d'adultère (9).

Un autre concile de Tolède en 693, avait déposé l'évêque de cette ville, qui s'était opposé au divorce

(1) Herm. ibid. p. 71. — Lab. t. 1.
(2) Herm. ibid. p. 83. — Lab. ibid.
(3) Herm. ibid. p. 132. — Lab. t. 2.
(4) Lab. ibid.
(5) Herm. ibid. p. 217. — Lab. ibid.
(6) Herm. ibid. p. 261. — Lab. t. 3.
(7) Herm t. 2, p. 265. — Lab. t. 3.
(8) Herm. ibid. p. 318. — Lab. t. 4.
(9) Herm. ibid. p. 454. — Lab. t. 6.

du roi Égica ; un canon exprès ordonna des vœux pour la prospérité de ce prince.

Le pape St-Grégoire II, en 720, dans une épître mise par l'église au nombre des canons, permet à un mari, dont la femme était hors d'état de lui rendre le devoir conjugal, de se remarier à une autre (1).

Le Synode de Soissons en 745, autorise les époux à quitter leurs femmes adultères (2).

Suivant le concile de Verberies en 752, le mari peut quitter sa femme, quand elle a conspiré contre sa vie, et en prendre une autre (3) ; et la femme dont le mari aura commis un adultère, peut prendre un autre époux (4).

Le concile de Compiègnes en 756, autorise le mari d'une lépreuse, et la femme d'un lépreux à former de nouveaux liens (5).

Le concile de Rome en 826, permet le divorce pour cause d'adultère (6).

Et une lettre du pape Nicolas I, surnommé le Grand en 859, mise au rang des canons, permet le divorce pour cause d'adultère (7).

(1) Herm. ibid. p. 477.
(2) Herm. ibid. p. 492. — Lab. t. 6.
(3) Herm. ibid. p. 500. — Lab. ibid.
(4) Herm. t. 2, p. 503.
(5) Herm. ibid. p. 510. — Lab. t. 6, p. 1659.
(6) Herm. t. 3, p. 40. — Lab. t. 7.
(7) Herm. ibid. p. 94.

C'est ce même pontife qui s'opposa ensuite en 860, aux désirs de Lothaire, lorsque l'on vit trois conciles approuver le divorce de ce prince, et un quatrième condamner les trois autres (1).

Le concile de Tibur en 895, permet le divorce dans un cas assez compliqué (2).

Les trois conciles de Bourges en 1031 (3) de Reims en 1049 (4) et de Rouen (5) en 1072 prohibent le divorce; mais celui de Dalmatie en 1199 veut qu'il ne soit prononcé que par un jugement de l'église (6).

Enfin, Alexandre III, consulté par des prélats français, répondit que « quoique l'Eglise romaine « ne fut pas dans l'usage de dissoudre les maria- « ges légitimes, si la coutume de les dissoudre « existait en France, elle pouvait y être tolérée. » (7).

---

(1) Concile d'Aix-la-Chapelle. Recueil de Lab. t. 8.
Second concile dans la même ville, ibid.
Concile de Metz. Recueil de Labbé, t. 8.
Concile de Rôme, id. ibid.

(2) Herm. ibid. p. 132. — Lab. t. 9.

(3) Herm. ibid. p. 177. — Lab. ibid.

(4) Herm. ibid. p. 186. — Lab. ibid.

(5) Herm. ibid. p. 206. — Lab. ibid.

(6) Herm. t. 3, p. 285.

(7) Licet romana ecclesia non consuevit propter maleficia legitimi conjunctos dividere, si tamen consuetudo generalis gallicanæ ecclesiæ habet ut ejusmondi matrimonium dissolvatur, nos patienter tolerabimus.

Rien n'était donc moins certain jusqu'alors, que la jurisprudence ecclésiastique sur l'indissolubilité du mariage. L'usage s'en perdait dans l'église latine, tandis qu'il était conservé dans toute l'église grecque. Le Concile de Florence en 1439, assemblé pour l'extinction du schisme qui divisait les deux églises, décida que la diversité des opinions sur les objets de discipline, n'était pas un obstacle à la réunion, et que les Grecs pouvaient conserver le divorce (1). Un concile général en eut-il toléré l'usage dans une si grande partie de la chrétienté, s'il eut été contraire à l'Evangile ?

Cependant ce même concile consacrait, dans l'église latine, l'indissolubilité du mariage; mais, comme c'était consacrer en même temps le malheur d'un nombre infini de mariages, il permit aux époux la séparation de lit et de table, la plus immorale et la plus impolitique de toutes les institutions.

Rome continuait à étendre son pouvoir, lorsque Luther parut en 1517. Il profita des abus de la puissance temporelle des papes, pour attaquer leur puissance spirituelle; il eut l'adresse de mêler, à un grand nombre d'erreurs sur la foi, dit un auteur anonyme du siècle dernier, quelques

(1) Lable, t. 13. *Histoire du schisme des Grecs*, par Maimbourg.

vérités sur les mœurs, et la religion ne pleurerait pas aujourd'hui ses innovations, si la raison n'avait pas eu à se féliciter de quelques réformes utiles. Du nombre de ces dernières fut le rétablissement du divorce.

Le divorce fut aussi seul la cause du schisme de l'Angleterre Henri VIII, quittant après vingt ans de mariage, une princesse vertueuse pour épouser Anne de Bolen, sa maîtresse ne devait pas inspirer à ses peuples beaucoup d'intérêt. Cependant la cause qu'il défendait était trop belle par elle-même, pour qu'il pût y nuire par l'application personnelle qu'il en faisait ; et les Anglais n'eussent jamais favorisé les amours inconstants d'un monarque peu estimé, si par là ils ne s'étaient réintégrés eux-mêmes dans les droits de la nature et de la raison.

Pour arrêter le cours de tant de pertes diverses, l'Eglise convoqua le concile général de Trente en 1515, qui dura huit ans, et fut successivement présidé par trois pontifes.

Le 22 juillet 1563, les commissaires nommés pour la rédaction des canons sur le mariage, présentèrent entre autres le canon suivant : « Si quelqu'un dit que le lien du mariage peut être rompu pour cause d'hérésie, de cohabitation fâcheuse ou d'absence affectée de l'une des parties, qu'il soit anathème. »

Les mêmes commissaires n'avaient pas cru devoir user du mot anathême dans un autre canon relatif au divorce pour cause d'adultère ; mais ceux qui étaient pour l'indissolubilité du mariage, même dans le cas d'adultère, proposèrent la rédaction suivante : « Si quelqu'un dit que le lien du mariage peut être rompu pour cause d'adultère, qu'il soit anathème. »

L'assemblée fut surprise de voir condamner le divorce permis par le code Justinien : quelques prélats voulurent, par respect pour l'opinion de Saint-Ambroise et de quelques pères de l'église grecque, qui était favorable au divorce, faire retrancher l'anathème et ne presenter l'indissolubilité du mariage que comme une opinion. D'autres observèrent que les Grecs pratiquaient le divorce sans qu'ils eussent jamais été condamnés ni repris par aucuns conciles et qu'il fallait rédiger le canon de manière qu'il ne leur fit aucun préjudice. On le changea donc, et l'on se borna à prononcer anathème contre celui qui prétendrait « que l'Eglise se trompe, quand elle enseigne que l'adultère ne dissout point le mariage. »

On voit que les sentiments des pères du concile étaient partagés, et que le canon, rédigé d'une manière timide, incertaine et enveloppée, dit bien que l'opinion de l'indissolubilité n'est pas une erre mais ne dit pas que l'opinion de la dissolubilité en soit une. (1)

Ainsi, l'indissolubilité du mariage n'est pas un article de foi même en Italie. Elle l'est bien moins encore en France, où le concile de Trente n'a jamais été reçu, où les Parlements ont longtemps défendu aux avocats d'en citer les décrets, où la Sorbonne et l'Université ne permirent jamais d'enseigner conformément à ses canons.

J'ai cité avec fidélité les décisions des conciles et des papes, et l'on voit que, de 32 canons qui traitent du divorce, 13 seulement lui sont opposés, et 19 lui sont favorables. Quand même j'aurais fait quelques omissions, il est probable que la balance serait toujours en faveur de la cause que je défends.

Dans cette variété de sentiments des pères de l'Eglise, des papes, des conciles, qui pourrait ne pas embrasser avidement l'opinion qui, à autorités égales, est par elle-même la meilleure ? Combien doivent être surpris ceux qui ont cru jusqu'à présent que la religion était contraire au divorce : nous avons pour nous l'Evangile, les Constitutions apostoliques, Saint-Ambroise, Saint-Epipha-

(1) *Notes sur le Concile de Trente*, impr. en 1711, p. 358.

nes, Sainte-Fabiola, Saint-Gontran, Saint-Charlemagne, les trois papes Saint-Grégoire II, Nicolas Ier, et Alexandre III, les 16 conciles que j'ai cités, toute l'église grecque, et l'usage existant dans l'ancienne Pologne, qui professa la religion catholique, apostolique et romaine.

Ce n'est donc pas pour faire un acte de souveraineté que le huitième commandement de Dieu a prescrit le mariage, c'est parce que le mariage est pour l'homme le seul moyen d'épurer ses désirs et de sanctifier l'amour. C'est pour cela aussi que l'Eglise a fait du mariage un sacrement, le septième, qui, d'ailleurs, n'a été établi qu'au dixième siècle.

J'entends la réponse des catholiques : le pape Grégoire IX en a décidé autrement dans ses Décrétales, liv. IV, tit. XIX, chap. III et IV, et l'on ne doit pas douter de sa compétence à corriger l'Evangile.

Sans doute, cet évêque de Rome a présumé beaucoup de son pouvoir en cela, comme en bien d'autres choses, puisqu'il s'est bien avisé aussi de corriger le droit civil, en entassant dans ces mêmes Décrétales, je ne sais combien de constitutions politiques sur la forme des testaments, sur les donations entre vifs, les contrats de mariage, les usures, les prescriptions, etc. Sans doute, c'était un très habile appareilleur de lois que ce pontife, aussi bien que Monsignor Remond de Pensiaforte, son chapelain, dont il s'est servi pour travailler à cette rédaction sous ses ordres.

Mais cet argument papal ne détruit rien de ce que l'histoire nous apprend.

Il est inutile d'entrer ici dans le détail des noms de tous les chrétiens des deux sexes qui ont été canonisés après avoir fait usage du divorce (consulter l'Histoire ecclésiastique et M. Baillet, Vies des Saints). Ces preuves, en rendant plus monstrueuse la contradiction où sont tombés les papes à cet égard, n'ajouteraient rien au triomphe de notre cause.

Accablés par tant d'autorités, les partisans de l'indissolubilité du mariage se retranchent sur une exception. Ils prétendent que, dans le temps où nous parlons, on n'était point encore parvenu à la connaissance des vrais principes qui fondait la perpétuité du mariage, mais qu'enfin l'Eglise a réprouvé absolument le divorce depuis le IXe siècle, et qu'aujourd'hui l'Eglise latine, en particulier, ne le tolère en aucune manière ni dans aucun pays.

Pour réfuter cette prétention, il suffit d'ajouter qu'il est absurde de croire que les ministres de la religion catholique soient fondés à s'opposer généralement à tous les changements que l'autorité civile trouve à propos de faire dans la discipline de l'état politique.

Il faut toujours distinguer les vérités de foi qui datent de la fondation du christianisme ; il n'y en a pas de nouvelles en ce genre. Les autres règles quoiqu'approchantes des vérités de foi, ne sont pas éternelles comme elles et peuvent, ainsi que l'a sagement remarqué M. l'abbé de Fleury, changer selon les temps. (Hist. ecclésiastique, I, 22, p. 227, t. V, édit. in-4.)

Si quelques-uns d'entre-nous trouvent des motifs d'éloignement de la religion, leur répugnance ne vient-elle pas plutôt des entraves que l'homme y a ajoutées, que du fonds même de la religion ? N'a-t-on pas trop confondu deux pouvoirs si essentiellement différents dans leur objet ? N'a-t-on pas trop négligé le principal qui intéresse la divinité pour ne s'occuper qu'à des questions où l'ambition seule trouvait son compte ? Ainsi s'exprimait déjà, il y a deux siècles (1769), l'auteur d'un travail complet sur la législation du divorce. (1)

Ce qu'il y a de certain, c'est que le divorce a eu lieu dans la primitive église, et qu'il était d'usage de le prononcer nettement, toutes les fois que ce qu'on appelait alors *libellus repudii* était appuyé de preuves et de motifs suffisants.

---

(1) *Législation du divorce* précédée du *Cri d'un honnête homme* qui se croit fondé en droit naturel et divin à répudier sa femme. (Londres, 1769.)

C'est ce qui se préjuge d'une manière fort sensible par induction des paroles d'un disciple de Jésus-Christ, Saint Mathieu ; cet apôtre a été tout ensemble un témoin oculaire du fait et un juge bien instruit du droit.

Cela se voit d'ailleurs par une foule de lois des empereurs Constantin, Théodose et Justinien, rapportées dans le droit Romain, soit pour établir l'espèce des circonstances et des cas, dans lesquels des conjoints pourront recourir à ce bénéfice toujours triste, trop souvent plausible, soit pour régler le temps que des femmes, qui y auront été admises, devront attendre avant que de pouvoir contracter un autre mariage pour ne point occasionner ce que les jurisconsultes appellent *confusio prolis ;* soit enfin pour déterminer dans tous les cas ce qui a rapport au sort et à l'éducation des enfants nés avant le divorce. Or c'était sans contredit des empereurs chrétiens que Constantin, Théodose et nommément l'immortel Justinien, ce père des lois, qui a vécu bien avant dans le sixième siècle ; et ces princes savaient aussi leur religion, puisqu'ils la tenaient de la première main.

Dans l'histoire de France combien trouverait-on d'exemples semblables chez nos rois de la première et de la seconde race.

A noter aussi que l'église grecque qui est absolument orthodoxe a toujours admis le divorce.

Il n'est donc pas vrai que le lien du mariage ne puisse jamais et dans aucun cas se dissoudre.

Cette doctrine que l'église latine enseigne maintenant et que l'église grecque contredit, n'est donc pas un article de foi essentiel au culte, c'est une simple maxime, vraiment trop simple et nos pères ont eu bien tort d'en avoir souffert l'introduction,

L'église s'est d'ailleurs montrée souvent beaucoup moins intolérante qu'aujourd'hui à l'égard du divorce; sans rappeler l'exemple du royaume si catholique de Pologne, où le divorce a toujours existé et où l'église bénissait les nouvelles unions des divorcés, nous ne pouvons oublier que pendant toute la durée du premier empire il en a été de même en France, que près de nous en Belgique et aussi dans tous les pays où les catholiques sont en minorité, il en est encore de même.

Les catholiques ayant ainsi satisfaction, il faut reconnaître que, au contraire, le mariage indissoluble viole la liberté du juif et du protestant, dont la religion admet le divorce et, la liberté du libre penseur, qui n'a aucune religion.

Aussi, estimons-nous que l'objection tirée du droit canonique contre le divorce ne peut plus être soutenue, et que les vrais éléments de discussion sont ceux dont nous nous sommes occupés déjà, qui ont trait à l'intérêt des mœurs en général, à l'intérêt de la femme, à l'intérêt des enfants.

Mais tout ceci discuté, il n'en reste pas moins que le divorce définitivement acclimaté parmi nous, demande au point de vue législatif de profondes modifications.

La première réforme qui s'impose, celle sur laquelle doivent porter tous nos efforts actuels, c'est le rétablissement du divorce par consentement mutuel entouré de toutes les garanties légales qu'un acte semblable impose.

Quand nous demandons le divorce par consentement mutuel, nous ne défendons pas une loi qui permette aux époux de ne voir dans le mariage qu'une union passagère, qu'un lien légitime qu'ils peuvent rompre à tout instant, pour en former un autre, tout aussi légitime. Ce que nous voulons simplement, c'est que la dignité, la liberté, la conscience, la valeur morale, sociale, réelle, effective de la personne humaine, soient consacrées et respectées dans l'engagement du mariage, comme dans tous les autres engagements ; nous voulons que la loi tienne compte dans ce contrat, de certaines éventualités préjudiciables à l'une des deux parties contractantes, quelquefois aux deux, comme elle le fait dans tous les autres contrats ; nous voulons que, dans ce commerce supérieur, des âmes et des corps, des intelligences et des sentiments, dont nous sommes loin de nier la sainteté, quand on la rencontre, il y ait au moins les mêmes garanties que dans le plus vulgaire commerce matériel. Voilà ce que nous voulons.

Écoutez la justification du divorce par consentement mutuel, par un homme dont personne ne contestera l'autorité et la science, ce sera la fin de cette trop longue introduction.

Treilhard, lors de la discussion du Code civil, s'exprime en ces termes dans l'exposé des motifs.

« La simple lecture de l'article proposé en annonce l'esprit et la véritable intention.

« Le consentement mutuel et persévérant des époux, exprimé de la manière prescrite par la loi, sous les conditions et après les épreuves qu'elle détermine, prouvera suffisamment que la vie commune leur est insupportable, et qu'il existe par rapport à eux une cause péremptoire de divorce. »

Parmi les causes déterminées de divorce, il en est quelques-unes d'une telle gravité, qui peuvent entraîner de si funestes conséquences pour l'époux défendeur (telles, par exemple, que les attentats à la vie); que des êtres doués d'une excessive délicatesse préféreraient les tourments les plus cruels, la mort même au malheur de faire éclater ces causes par des plaintes judiciaires. Ne convenait-il pas, pour la sûreté des époux, pour l'honneur des familles toujours compromis, quoi qu'on puisse dire, dans ces fatales occasions, pour l'intérêt même de toute la société, de ne pas forcer une publicité, non moins amère pour l'innocent que pour le coupable ?

L'honnêteté publique n'empêcherait-elle pas une femme de traîner à l'échafaud son mari, quoique criminel ?

Faudrait-il aussi toujours et nécessairement pour terminer le supplice d'un mari infortuné, le contraindre à exposer au grand jour des torts qui l'ont blessé cruellement dans ses plus douces affections et dont la publicité le vouera cependant encore à la malignité publique ?

L'injustice, sans doute, est ici du côté du public; mais se trouve-t-il beaucoup d'hommes assez forts, assez courageux pour la braver ! Est-on maître de détruire tout-à-coup ce préjugé, et ne faut-il pas aussi ménager un peu l'empire de cette opinion, quelquefois injuste, j'en conviens, mais qui peut aussi sur beaucoup de points atteindre et fléchir, quand elle est bien dirigé, des vices qui échappent aux poursuites des lois ?

Si le divorce pouvait avoir lieu, dans des cas semblables, sans éclat et sans scandale, ce serait un bien ; on sera forcé d'en convenir.

Que faudrait-il donc faire pour obtenir ce résultat? Tracer un mode de consentement, prescrire des conditions, attacher des privations, vendre si chèrement le divorce, qu'il ne puisse y avoir que ceux à qui il est absolument nécessaire qui soient tentés de l'acheter.

Alors la conscience du législateur est tranquille : il a fait pour les individus, il a fait pour la société tout ce que l'on peut attendre de la prudence humaine ; et s'il ne peut pas s'assurer qu'on n'abusera jamais de cette institution, du moins il se rend le témoignage suffisant pour lui, que l'abus sera infiniment rare, et qu'il a atteint la seule espèce de perfection dont les établissements humains soient susceptibles.

DROIT INTERNATIONAL

Examinons en quelques mots la question qui nous intéresse dans les législations étrangères.

En Allemagne le divorce par consentement mutuel et même par le consentement d'un seul résulte de l'ensemble de la législation et de la quantité innombrable de causes de divorce.

Si il n'y a pas d'enfants le divorce par consentement mutuel, est formellement écrit dans la loi.

En Alsace-Lorraine depuis 1873, le code civil titre IV rétablit le divorce par consentement mutuel.

En Angleterre le divorce par consentement mutuel est interdit.

En Autriche, les catholiques ont la séparation de corps par consentement mutuel. Toutes les autres croyances bénéficient du divorce par consentement mutuel.

En cas de mariage mixte l'époux catholique a

la séparation par consentement mutuel. L'autre époux quelle que soit sa religion le divorce par consentement mutuel.

En Belgique le divorce par consentement mutuel existe dans les formes mêmes de notre ancien Code civil (titre VI).

Au Brésil, la séparation de corps par consentement mutuel est admise après deux ans de mariage.

En Danemarck, le divorce peut être obtenu par le consentement mutuel des époux. Ceux-ci obtiennent d'abord l'autorisation de rester séparés et, après trois ans, s'ils persistent, ils font prononcer le divorce.

Aux États-Unis, le divorce par consentement mutuel apparaît, dans la législation de la plupart des États.

En Hollande, pas de consentement mutuel.

La République de Haïti est régie elle aussi par notre ancien Code civil avec le consentement mutuel.

En Italie, le divorce n'est pas encore voté, mais

le projet de loi prévoit le consentement mutuel et la séparation de corps est admise par consentement mutuel.

En Norvège le divorce par consentement mutuel existe. Art. 67. « Les époux qui divorcent par consentement mutuel sont tenus de demander d'abord aux autorités civiles la permission de demeurer séparés de corps pendant trois ans. Cette permission n'est accordée qu'après des représentations et des exhortations faites aux époux par le curé de leur paroisse et par les autorités civiles. Les époux sont tenus de convenir de tout ce qui a trait à l'entretien et à l'éducation de leurs enfants communs. » Art. 68. « Si après l'expiration des trois années, pendant lesquelles les époux ont acquis le droit de vivre séparés, ils persistent dans leur détermination de divorce, la dissolution définitive de mariage sera accordée par le roi, après une déclaration nouvelle. Chacun des époux ainsi divorcé a besoin d'une permission spéciale pour se remarier. »

Il en est de même en Suède.

En Russie, le divorce par consentement mutuel n'existe pas dans la loi, mais en fait il est constamment prononcé pour cette seule raison. Dans ce pays la loi écrite n'a pas de valeur absolue, et reste le plus souvent lettre-morte. Dans l'état actuel des choses, la classe des paysans qui forme à peu près les cinq sixièmes de la population obéit même dans les matières du droit civil, à des règles ou à des usages tout différents de ceux que le *Svod* libelle en articles de loi. Le droit de famille y est régi par des principes particuliers qui corrigent souvent ce que la loi écrite paraît avoir d'excessif et qui, dans tous les cas dérogent à ses prescriptions.

En Suisse, depuis la loi du 24 décembre 1874 le divorce par consentement mutuel existe:

« Art. 45. Si les deux époux demandent le divorce le tribunal doit l'accorder, s'il résulte des circonstances de la cause que la vie commune est incompatible avec la nature du mariage. »

L'Art. 47 va plus loin et donne aux Tribunaux le droit de prononcer le divorce toutes les fois qu'il résulte des circonstances que le lien conjugal est profondément atteint.

QUELQUES OPINIONS

SUR

LE DIVORCE PAR CONSENTEMENT MUTUEL

La réforme du divorce est-elle nécessaire ? La solution de cette question a préoccupé les meilleurs esprits. En 1900, MM. Paul et Victor Margueritte ont pensé à juste titre que le moment était venu de s'en préoccuper, et dans la *Revue des revues* ils ont mené une excellente campagne, préconisant le divorce non seulement par consentement mutuel, mais par le consentement d'un seul ; ils s'exprimaient en ces termes :

« Une autre décision prise par le Congrès féministe vaut d'être mise en lumière. Elle a trait à l'un des fondements de notre société moderne, à cette institution sacrée du mariage, le plus haut des contrats, institution admirable, si elle ne relève que de la liberté et de la dignité de la conscience, odieuse et tortionnaire, si elle n'a pour corollaire entier et absolu, le divorce dans son extension la plus large. Or le Congrès féministe a émis le vœu que le divorce par consentement mutuel soit autorisé après que les époux auront exprimé par trois fois devant le Président du Tribunal civil, à trois mois d'intervalle les deux premières fois, à six pour la troisième, leur volonté expresse.

Certes, cela est légitime, c'est un pas en avant dans la vérité, dans la justice. Disons-le haut, ce n'est pas assez. Rétabli d'une façon timide et incomplète, borné à des causes déterminées qui dépendent de l'appréciation des magistrats, le divorce exige, le Congrès a raison, une application plus conforme à la dignité de l'individu et de la société ; l'incompatibilité d'humeur, motif profond, éternel, presque unique de tout irréparable désaccord, doit figurer de nouveau au Code qui l'a exclue.

Le divorce par *consentement mutuel* doit rentrer dans la loi ; mais, avec lui — et sans cette addition le progrès sera vain — le divorce par *la volonté d'un seul.* »

Déjà dans un livre le *Bilan du Divorce*, Hugues Le Roux, adversaire résolu du divorce, n'en avait pas moins été obligé de se rallier au divorce par consentement mutuel et il écrivait :

« Le divorce m'était suspect. Au cours de cette enquête, je suis devenu son ennemi décidé, mais je veux le traiter en adversaire loyal ; je souhaite qu'on lui donne toute la dignité dont il est capable et je n'aperçois que ce moyen à une si urgente réforme : qu'on permette à l'incompatibilité d'humeur de venir s'expliquer posément à la barre, sans l'obliger à jouer des rôles de courtisane, de martyre ou de furie.

On aperçoit tout d'abord à cette reconnaissance légale de l'incompatibilité d'humeur, un avantage qui est, dans l'occasion, considérable : il supprimerait un vilain mensonge. Ce n'est pas tout : à l'arbitraire toujours immoral et déconcertant du juge, il substituerait le jeu régulier de la loi. Enfin, il permettrait d'entourer certains divorces de garanties qui leur manquent, en ressuscitant les honorables précautions que le vieux Code civil avait recommandées en pareil cas. Moins hypocrite que ses petits-fils, le législateur avait inscrit dans la loi le divorce par consentement mutuel, mais il ne l'accordait aux époux qu'après avoir épuisé tous les moyens de rapprocher leurs cœurs. Il voulait acquérir la certitude que des contrariétés passagères n'étaient pour rien dans les décisions, que leurs humeurs incompatibles se blessaient vraiment au contact l'une de l'autre...

Il faut qu'on nous rende l'ancien Code civil. L'inscription dans la loi du motif « Incompatibilité d'humeur » sera la pierre de touche où nous pourrons juger la valeur définitive de l'institution du divorce. »

Donnons la parole à Naquet, au grand penseur, au puissant législateur, à la persistante énergie duquel, ne l'oublions pas, nous devons le divorce :

« Je suis, écrivait-il il y a vingt ans, pour la solution la plus large relativement au divorce, parce que j'ai au plus haut degré le respect de la liberté individuelle et que je ne saurais admettre, en aucun cas, que la loi puisse contraindre les citoyens corporellement dans un ordre de choses où, en dehors de la libre volonté, il n'y a plus que dégradation, immoralité révoltante. Je suis pour la solution la plus large parce que, en imposant aux époux qui veulent divorcer l'obligation d'exciper *des causes déterminées*, on les incite à commettre les actes blâmables qui leur fournissent les motifs de divorce exigés par la loi.

On nous parlera, ici encore, de l'intérêt des mœurs.

On nous dira que si l'on rend le divorce plus facile par l'introduction du divorce par consentement mutuel, la corruption s'introduira rapidement dans la société.

Nous répondrons d'abord que le divorce ne sera pas plus facile à obtenir, que ce n'est d'ailleurs pas là le but cherché, que ce que nous demandons c'est moins d'hypocrisie dans la loi et par suite plus de justice, que le divorce par consentement mutuel existe en fait, s'il n'existe pas en droit ; que ce sont les procédés peu loyaux et peu dignes de la justice qui sont aujourd'hui appliqués que nous voulons voir disparaître. Nous répondrons par là à ceux qui repoussent la réforme en disant que, si on l'acceptait, le mariage ne serait plus qu'une association éphémère, que les mœurs iraient en s'altérant de jour en jour, au grand préjudice des sociétés auxquelles la corruption est mortelle.

Le divorce, par consentement mutuel, en le supposant établi sur des bases aussi larges que possible, n'entraînerait donc pas la corruption des mœurs ; il ne multiplierait pas le nombre des ménages qui se désunissent et nous croyons même que, toutes choses égales, il le diminuerait. »

Feuilletons les opinions réunies par MM. Paul et Victor Margueritte dans leur enquête (*Mariage et Divorce*).

Je suis d'avis que le divorce devrait pouvoir résulter du consentement mutuel des époux Le mariage y gagnerait certainement en dignité et en moralité, et l'on éviterait, de la sorte, les répugnantes lessives de linge sale auxquelles le divorce actuel nous fait trop souvent assister.

Ch. BEAUQUIER,
député.

Le divorce étant rétabli dans nos mœurs, il ne dépend plus de l'antique autorité de l'accorder ou de le refuser. Il s'impose par lui-même, il est un droit... Donc qu'on s'incline... qu'on ne reprenne point d'une main ce qu'on a donné de l'autre; qu'on soit franc et courageux, qu'on aille jusqu'au bout. Nous voulons être libres. Soyons-le, à cette condition toutefois que nos droits soient contrôlés, soumis à l'épreuve du temps et à la continuité de notre volonté. Sous ces réserves, le divorce semble bien s'imposer non pas à la délibération, mais à la signature du magistrat, lorsque, d'un commun accord, les deux époux se veulent disjoindre. Toute opposition est un retour unique et intempestif à l'autorité abolie. Elle ne peut qu'engendrer l'acte de faussaire par lequel l'un des deux plaignants s'accusera publiquement et mensongèrement, des méfaits qu'exige la loi-bourreau pour délier les mariages.

Jules CASE.

Il faut rendre aux époux le droit entier de rompre par mutuel consentement ou à la demande d'un seul un lien qui n'a plus de raison d'être, dès que les sentiments qui en furent la cause n'existent plus. L'union est rompue en fait dès que l'accord n'existe plus, et la demande de l'un des deux contractants doit suffire pour imposer la rupture légale. Il s'agit ici d'un droit primordial dont la loi ne doit pas restreindre l'exercice. Pour justifier les restrictions que comporte la loi actuelle, on invoque l'intérêt social et celui des enfants : ce ne sont que sophismes. L'intérêt de la société, des époux et des enfants eux-mêmes, réclame la rupture légale d'unions mal assorties, qui sont des causes permanentes de désordre et de douleur sans bénéfice pour personne. Le ou les demandeurs ne doivent pas d'explications au magistrat. La libre expression de leur volonté suffit, après les délais reconnus nécessaires pour éviter les décisions irréfléchies.

DELPECH,
sénateur.

Il n'est pas douteux que le Parlement ne fasse bientôt rentrer dans la loi, d'où il est inconcevablement exclu, le divorce par consentement mutuel. Quant au divorce par la volonté persistante d'un seul, on l'obtiendra sans doute plus difficilement du législateur.

Lucien DESCAYES.

Accepter le divorce par consentement mutuel, c'est rentrer simplement dans le sens commun. La société n'est faite que pour l'individu. Enchaîner l'un à l'autre deux êtres qui s'y refusent est peut-être juridique, c'est méconnaître le principe même et la fonction de la société.

Edouard ESTAUNIÉ.

Je suis tout à fait partisan du divorce par consentement mutuel.

Je suis également partisan de tout ce qui pourrait rendre le divorce contradictoire plus rapide et moins onéreux.

GERVILLE-RÉACHE,
député.

Mon opinion sur le divorce ? Elle est très nette.

Le divorce par consentement mutuel est de droit humain. En civilisation, même élémentaire, il est monstrueux de contraindre deux êtres doués de raison à vivre enchaînés l'un à l'autre, s'ils ne peuvent se souffrir.

Que la loi prévoie un délai expérimental à la rupture définitive, un temps laissé à la réflexion et au revenez-y : ce sera conforme à la loi mutuelle.

Mais le mariage légal n'a d'excuse qu'au point

de vue de l'enfant. Quand il touche à la liberté de l'individu sans nécessité pour les droits de l'enfant, c'est un mensonge et une abominable tyrannie.

Paschal GROUSSET,
député.

Je ne suis pas, vous le savez, un fanatique du divorce ; mais je n'estime pas que le législateur ait le droit de condamner à la cohabitation perpétuelle deux êtres qui s'y refusent, et la séparation de corps me semble le pire des remèdes. J'admets donc, indépendamment de toute considération psychologique ou morale que l'institution du divorce était et reste nécessaire.

Je crois que le plus grand nombre des divorces actuellement prononcés sous divers prétextes, sont des divorces par consentement mutuel déguisé. Je ne vois donc point de péril à rétablir en droit le divorce par consentement mutuel, qui se pratique déjà clandestinement ; j'y vois comme vous, l'avantage de substituer une procédure franche à une procédure louche et de supprimer des débats généralement malpropres.

Abel HERMANT.

En fait, le divorce par consentement mutuel existe ; on tourne la loi par des trucs grotesques et obligatoires. Pourquoi ne pas l'instituer en droit? Non seulement il permettrait de recommencer leur vie aux époux dont le mariage fut une erreur, mais, en cas d'adultère, de sévices, il pourrait empêcher l'enquête et les plaidoiries toujours diffamatrices. Il est utile et moral. Au reste, la Chambre le votera sous peu.

J.-Joseph RENAUD.

Aujourd'hui, la procédure du divorce est, le plus souvent, une fraude, toujours une honte.

Dans les trois quarts des divorces, le consentement mutuel est masqué. Quant aux malheureux qui n'ont pas assez d'astuce ou d'argent pour s'offrir la petite comédie qui les affranchit, un procès de divorce est un si dégradant étal de hontes, de fourberies, de violences, qu'il faut se hâter d'y mettre fin.

Donc, exigeons des parlementaires le divorce par consentement mutuel (avec des précautions de délai : par exemple, la nécessité de quatre demandes espacées de trimestre en trimestre.)

Georges LECOMTE.

Combien vous touchez juste quand vous voulez que le législateur admette le divorce par consentement mutuel et le divorce par la volonté d'un seul.

Voici deux êtres qui, en s'unissant, se sont trompés, ou bien ils ont été trompés. L'existence commune est pour eux un martyre. Et la loi ne leur donne pas le droit de mettre fin au supplice qu'ils endurent ? Quelle est donc cette législation ? Mais c'est tout simplement une législation de sauvages !

Si le mariage m'a jeté dans un enfer, je dois en sortir : tel est mon *droit* individuel.

J'espère bien que la présente législature reconnaîtra ce droit, en admettant dans la loi, sous les garanties nécessaires, les deux réformes que vous préconisez avec tant de bon sens et d'esprit de justice.

MORINAUD,
député.

La procédure du divorce telle qu'elle est organisée de nos jours, est odieuse, longue, coûteuse et inefficace... Le remède à cet état de choses consiste dans le rétablissement du divorce par consentement mutuel. C'est la seule manière digne et honorable de rompre un lien devenu insupportable. Il laisse à chaque époux sa pleine dignité. Quel voile plus épais, plus discret et mieux fait pour cacher tant de misères humaines que ce motif qui répond à tout : incompatibilité d'humeur ?

PÉRILLIER,
député.

J'accepterais pour ma part sans enthousiasme, mais sans effroi, que le divorce par consentement mutuel passât dans notre législation. Il s'est, en fait, malgré la loi, glissé dans les usages. Lorsque deux époux sont d'accord pour divorcer, ils n'ont jamais grand peine à concerter la comédie nécessaire pour masquer leur entente et pour les amener rapidement au résultat désiré. Il serait peut-être plus simple et plus loyal d'autoriser les tribunaux à prononcer le divorce lorsque seraient suffisamment établies la liberté et la persistance du double consentement.

Raymond Poincaré,
député.

Je suis d'accord avec vous. Pour le divorce par consentement mutuel, j'ai écrit ceci dans mon *Régime socialiste*, page 59 : « La société n'a pas le droit d'imposer un engagement à vie à deux êtres qui peuvent s'être trompés dans leur choix et découvrir, au cours de leur existence, des raisons excellentes de se séparer. »

Georges Renard,
professeur au Conservatoire des Arts et Métiers.

Trop mal renseigné pour vous donner une réponse raisonnée, je vous adresse la seule que je crois raisonnable.

Marié, père de famille, heureux par hasard, et par quel hasard ? J'en frémis ! Je suis pour l'union et la désunion libres.

Nous ne sentons qu'une loi existe que dès qu'elle nous gêne. Je n'ai pas encore éprouvé que la loi sur le divorce était mal faite, mais je sais bien que si je m'apercevais qu'il me reste à vivre une trentaine d'années peut-être sous le même toit qu'une dame antipathique, fût-elle d'ailleurs pleine d'un tas de vertus, aucune loi ne m'empêcherait de filer demain matin. Le bout du monde n'est pas loin.

Mais les enfants ?

Quel enfant, dès l'âge de raison, ne verrait avec

plaisir son père et sa mère se séparer, dût-il presque orphelin, ne suivre ni l'un ni l'autre, plutôt que d'assister toute sa jeunesse, au spectacle stupéfiant d'un ménage de prisonniers ennemis ?

Jules RENARD.

Je m'associe de tout cœur à votre campagne pour obtenir le divorce par consentement mutuel. Le divorce par la volonté d'un seul est chose plus grave et, dans l'application délicate, comme tout ce qui touche aux mœurs, à l'intimité, à la vie sociale. Mais quelles que soient les difficultés d'application, et sous réserve d'indemnité pour le préjudice causé, nous devons arriver à proclamer le *droit naturel* qui a été formulé par J.-J. Rousseau : « L'homme doit toujours être maître de sa personne. »

Georges RIVET,
député.

Il faut que le mariage contracté loyalement et librement puisse se dénouer avec même liberté et même loyauté. Si l'on veut sauver l'institution du mariage de la ruine et de la décadence qui la menacent, il faut ôter à l'union son aspect de cloître et de prison. Quand deux êtres se sont trompés en s'unissant, il doit suffire pour les démarier que, d'un commun accord, ils souhaitent sincèrement cette rupture ou que, plus simplement encore, l'un des époux affirme l'irrévocable désir de rompre.

Il n'y a plus de bonheur possible quand « lui ou elle » en *a assez*. L'obstination intéressée ou sentimentale ne peut qu'aggraver le désaccord, et toute dignité disparaît. Un ménage est un enfer quand l'un des époux se désaffectionnant, l'autre insiste et *cramponne*.

La question pécuniaire, la question des enfants ne doivent pas entrer en compte ici. Ce sont des corollaires auxquels il faut des solutions spéciales. Mais la Loi sur les principes du Mariage et du Divorce n'a pas à s'occuper de la loi sur l'hérédité ni de la loi sur les associations de bourses. Ce sont toutes choses à part et qu'il ne faut pas mêler.

Camille de Sainte-Croix.

Oui, je suis partisan du divorce par consentement mutuel et même du divorce « par la volonté d'un seul », sous cette réserve que les intérêts matériels et moraux des enfants et de la femme soient sauvegardés par quelque moyen que ce soit (convention à l'amiable ou intervention des magistrats). Je souhaite donc que des législateurs, plus respectueux de la liberté individuelle, accordent bientôt aux époux mécontents toute facilité de se séparer sans débats honteux et sans comédie judiciaire.

Le Maire demande-t-il aux conjoints pourquoi ils se plaisent et pourquoi ils ont résolu de s'épouser ? Il est un peu ridicule et tout à fait odieux de leur demander pourquoi ils ont cessé de se plaire et pourquoi ils ont résolu de se séparer. Ces choses intimes ne regardent personne. Chacun doit arranger sa vie comme il lui convient, pourvu qu'il ne fasse point de tort à autrui. D'ailleurs, les obstacles apportés au divorce — soi-disant dans l'intérêt des enfants et par respect pour le *caractère sacré* du mariage — n'empêchent pas les gens qui se détestent de s'en aller chacun de son côté. De même toutes les libertés nouvelles accordées aux époux ne feront pas qu'il y ait en France un seul bon ménage de moins. Les lois doivent être faites pour les individus et non les individus pour les lois. Mais il me paraît naïf de réclamer à tue-tête des droits qu'il serait tout simple de prendre. Et des gens qui vivraient en « union libre » ayant reconnu leurs enfants et réglé leurs situations respectives par un contrat devant notaire avec donations, legs, etc , seraient tout aussi « protégés » et beaucoup moins tyrannisés par les lois que des époux légitimes.

Marcelle TYNAIRE.

... Oui, le divorce doit avoir lieu par consentement mutuel ; oui, il doit être complété par le consentement d'un seul, quand les circonstances le nécessiteront ; mais à la condition que ce sera dans des cas tout particuliers, sous les garanties les plus sérieuses et sans jamais pouvoir prêter à la fantaisie, à la légèreté ou au caprice des conjoints, non plus qu'à l'arbitraire du tribunal.

C'est dans ces conditions, sous cette forme, que je suis de tout cœur avec vous pour cette immense modification que vous réclamez dans la loi du divorce, qui, jusqu'à ce jour, avec sa procédure, avec sa publicité, avec ses frais, avec ses restrictions, avec ses inégalités, avec ses compromis, avec ses complications, a été plus malfaisante que bienfaisante, et qui est indigne de notre époque de Lumière, de Justice, de Vérité et de Progrès.

Gustave Toudouze.

Je suis pour le couple dont l'amour rend l'union indissoluble. Je suis pour que l'homme et la femme, qui se sont aimés et qui ont enfanté, s'aiment toujours, jusqu'à la mort. C'est la vérité, la beauté et c'est le bonheur. Mais je suis pour la liberté absolue dans l'amour, et si le divorce est nécessaire, il le faut sans entraves, par le consentement mutuel et même par la volonté d'un seul.

Emile Zola.

Nous voudrions n'avoir jamais perdu de vue notre mot de ralliement qui est : *L'Individu libre dans la société juste.*

Aujourd'hui, un homme et une femme ne peuvent divorcer sans se jeter à la face des injures, des saletés, des mots de haine. La réconciliation, la courtoisie, le pardon, la simple délicatesse des procédés sont considérés par une magistrature de Chats-Fourrés dignes de Rabelais (et parmi lesquels le président Magnaud fait l'effet d'une hermine qui s'égare) comme des obstacles au divorce. Au contraire, le linge sale des adultères, le déballage des coups et blessures, la puanteur des infâmies maritales, voilà l'atmosphère où se délectent bien des bridoisonneries sadiques.

Grande tristesse pour un peuple quand ce qui

est la légalité n'est pas la loyauté. Nous demandons un divorce légal qui soit un divorce loyal !

Henry BÉRENGER.

Ajoutez à ceci l'assentiment de tous les législateurs du Code civil, Napoléon Ier, Cambacérès, Treilhard, Savoye-Rollin, etc., les articles éloquents écrits sur cette question par Paul Adam, Louis Barthou, Dorchain, Urbain Gohier, Daniel Lesueur, Masson-Forestier, Marcel Prévost, René Viviani et tant d'autres dont le nom nous échappe, et nos lecteurs seront fixés sur la nécessité de la réforme que nous proposons.

EXPOSÉ DES MOTIFS

Tout le monde aujourd'hui, après l'expérience faite dans ces vingt dernières années, est obligé de reconnaître que le divorce est entré définitivement dans nos lois, et qu'il est impossible de l'en faire disparaître.

Mais il n'est personne qui, en même temps, ne reconnaisse les imperfections du divorce actuel, qui n'en blâme le scandale presque obligatoire, l'absurde *aléa*, les délais ruineux.

Puisque seuls divorcent proprement ceux qui se mettent d'accord et trompent la loi, la preuve est faite, écrivent dans leur brochure *Mariage et Divorce*, MM. Paul et Victor Margueritte, la loi est mauvaise; changeons-la vite. Du vœu général, que le législateur s'empresse donc de rétablir le consentement mutuel, c'est le but du présent travail, et ils ajoutent :

« Dix-huit ans ont passé depuis la loi de 1884. Dix-huit ans pendant lesquels on a pu constater les avantages et les inconvénients de notre divorce, la légitimité de son principe, comme les vices de son fonctionnement. L'expérimentation nous montre que Naquet avait raison de le réclamer avec la solution la plus large. Et ce n'est pas une des moindres injustices de ce temps que de railler, en y accouplant son nom, une loi qu'il n'a pas tenu à lui de voir proclamer complètement, dans sa vaste et féconde unité. Aujourd'hui, les tendances féministes et sociales, les aspirations des écrivains, des dramaturges, des juristes, le vœu du Congrès féministe indiquent l'urgence de réformes. Il appartient au jeune parti socialiste de reprendre le pur, le généreux esprit de la Révolution, et de donner à notre divorce incomplet, boîteux, bâtard, son affranchissement.

Qu'on y prenne garde ! Qu'on le veuille ou non, qu'on le déplore en vain ou qu'on tâche d'y porter remède, le mariage subit une crise. Le discrédit l'atteint. Il est fortement attaqué, parce que son immoralité donne prise au sarcasme et au blâme. Tout ce qui le moralisera lui donnera chance de durée et de force ; tout ce qui le déconsidérera, comme le divorce actuel, fera le jeu de l'union libre. Elle a déjà de nombreux partisans ; nous ne comptons pas parmi eux, mais nous ne pouvons méconnaître qu'elle offre, chez certains, de respectables exemples de vertu et de fidélité. Le mariage n'a pas le monopole de l'amour profond et durable.

Bien des unions légalement sacrifiées pourraient à cet égard lui en remontrer. Oui, si le mariage ne devait être, selon le mot de l'héroïne du beau roman anglais de Hardy, *Jude l'Obscur*, qu' « un contrat sordide, basé sur des convenances matérielles d'impôt, d'héritage en terres ou en argent pour les enfants, sur tout ce qui rend nécessaire que le père soit connu ou semble l'être », s'il ne devait trop souvent demeurer « qu'un adultère légal, fondé sur d'abjects intérêts », ses ennemis triompheraient.

Remédions donc, pendant qu'il est temps encore, aux bizarreries, aux injustices, à l'ignominie étalée d'un divorce qui compromet la dignité du mariage.

Sur la grande route de la vie, l'homme et la femme doivent marcher la main dans la main, courageusement, avec confiance et tendresse, s'épaulant d'un égal dévouement. Souhaitons qu'ils aillent, pèlerins à cheveux blancs, au terme du voyage, jusqu'aux contrées mystérieuses d'où l'on ne revient plus ; mais, si le malheur veut qu'ils cessent de s'aimer, de se comprendre, s'ils se trompent, s'ils se blessent, s'ils s'outragent, ne les condamnons pas à traîner comme des forçats le boulet de leur double haine. Brisons leurs fers. Leur conscience, leurs cœurs, leurs chairs ne peuvent être asservis ; la route est large ; qu'elle soit libre ! »

Le mariage est un contrat personnel. La conséquence de sa nature particulière est donc qu'il doit pouvoir se résoudre non seulement par consentement mutuel, non seulement pour causes déterminées, mais encore pécuniaires — par la volonté persistante d'un seul des conjoints. C'est là ce que la loi du 20 septembre 1792, avait consacré par son article 3.

« L'un des époux peut faire prononcer le divorce sur la simple allégation d'incompatibilité d'humeur ou de caractère. »

C'est également là ce que reconnaît — moins explicitement il est vrai — la loi prussienne en admettant au nombre des causes du divorce « l'aversion profonde et invincible de l'un des époux pour l'autre... »

C'est là enfin ce qui poussait Napoléon Ier dont, en cette circonstance, l'opinion ne prévalut pas au Conseil d'État, à demander le maintien dans le code de l'article 3 de la loi de 1792.

Nous n'allons pas aussi loin que la Législative et la Convention, ni aussi loin que Napoléon Ier, ni aussi loin que la loi prussienne et la loi suisse.

Mais aujourd'hui que le principe du divorce est admis et appliqué, nous disons que pour s'opposer au divorce par consentement mutuel, il ne suffit pas de se borner à invoquer la nature particulière du contrat qu'est le mariage, il faut encore indiquer en quoi une telle particularité peut faire obstacle à une telle modification.

La loi de 1803 avait réalisé la moyenne équitable entre ceux qui reconnaissent l'impossibilité de conserver l'indissolubilité du mariage, tout en ayant pour ce régime des prédilections non douteuses, et ceux qui préfèrent le régime de large liberté que la Révolution française avait inauguré, mais qui reconnaissent aussi que ce régime est impossible à appliquer actuellement, nous n'y proposons que des modifications de détail.

C'est avec regret que nous exprimons cette opinion, car la loi de 1792 nous paraît en matière de divorce, un modèle idéal, digne de véritables penseurs, de véritables philosophes, de véritables citoyens.

La législation française pendant vingt-trois ans et sept mois, sous la Révolution et sous le premier empire a admis le divorce par consentement mutuel.

En 1831, 1832, 1833, 1834, 1835, lorsque des propositions de divorce furent présentées et prises en considération par la Chambre des Députés, la question de maintien du divorce par consentement mutuel, ne fut même pas discutée. Il semblait alors naturel de rétablir purement et simplement le titre VI du Code civil tel qu'il avait été promulgué et l'on sait que si le divorce par consentement d'un seul et le divorce pour incompatibilité d'humeur avait disparu, le divorce par consentement mutuel avait été maintenu intégralement par les auteurs du Code civil.

De même en 1848, la proposition présentée par M. A. Crémieux rétablissait purement et simplement le titre VI du Code civil.

Le mariage est un contrat personnel au premier chef, parce que les obligations « corporelles » qu'il entraîne engagent non seulement la personne matérielle, mais la personne morale, et deviennent lorsqu'elles cessent d'être volontairement consenties, les plus monstrueusement tyranniques. C'est un véritable contrat d'association et il doit se résoudre comme les contrats de cette espèce peuvent se résoudre dans le droit français.

Les intérêts des adversatres du divorce qui sont les adversaires du divorce par consentement mutuel se retournent contre eux — l'intérêt des mœurs, l'intérêt de la femme, l'intérêt des enfants, l'intérêt de la liberté de conscience des dissidents — et des catholiques eux-mêmes plaident en faveur du divorce par consentement mutuel.

Bien des personnes qui accepteraient le divorce par consentement mutuel sans discussion, si elles savaient en quoi il consistera, le repoussent également sans discussion, parce qu'elles attribuent à ses promoteurs des projets qu'ils n'ont pas, parce qu'elles s'imaginent que le divorce par consentement mutuel sera quelque peu analogue à l'union libre, qu'il donnera aux époux la faculté de se quitter sans motifs, et qu'elles voient dans cette facilité de rupture des liens conjugaux un élément de dissolution de la famille.

Parler de la sorte, c'est se faire une étrange idée de la nature humaine, et c'est en même temps se faire une singulière illusion sur la puissance de coercition du mariage.

Le mariage n'est point une loi coercitive. Lorsque un époux veut abandonner son conjoint si d'ailleurs celui-ci y consent, il n'y a pas de puissance sociale qui l'en puisse empêcher. Nous sommes, par conséquent, autorisés à dire que, si l'immense majorité des époux demeurent unis, c'est par des motifs tout autres que ceux qui résultent des dispositions de la loi.

Ils demeurent unis parce que l'habitude, l'amitié, à défaut de passion, qu'ils éprouvent l'un pour l'autre, leur en fait une nécessité; ils demeurent unis parce qu'ils ont pour leurs enfants une affection des plus vives, et que cette affection est pour eux un lien beaucoup plus solide que tous ceux que l'on peut trouver dans tel ou tel article du Code, ils demeurent unis, parce qu'ils ont, l'un vis-à-vis de l'autre, des obligations pécuniaires qui rendent les séparations très coûteuses. Mais ce ne sont jamais les difficultés légales qui les embarrassent.

Le jour où le mariage ne subsiste plus qu'à cause des textes qui s'opposent à sa rupture, en fait, on peut dire qu'il est bien près d'être rompu. Il y a lieu de se demander, dès lors, si la liberté introduite dans la famille ne serait pas là un gage d'ordre au lieu d'être un élément de dissolution. Naquet. — *Du divorce*, p. 49.

En matière de divorce les mœurs sont plus puissantes que la loi et en rendant la loi libérale, on ne supprime pas les garanties que nous donnent les mœurs, ces dernières s'exagérant au contraire à mesure que les prétendues garanties légales diminuent.

Le législateur ne doit pas essayer de diminuer ce que l'expérience de tous les temps a démontré être indéracinable, au risque de tuer le sentiment du respect de la légalité dans les populations, en faisant des lois d'une telle nature qu'elles soient inévitablement violées.

Si donc le divorce par consentement mutuel n'a pu être empêché, il vaut mieux le reconnaître dans le Code que de se donner la vaine satisfaction de le proscrire en apparence alors qu'on ne le proscrit pas en réalité.

Il ne s'agit pas aujourd'hui d'une question qui puisse intéresser l'intérêt social, qui doit incontestablement diriger l'esprit du législateur.

Le principe du divorce est posé, admis, appliqué depuis 19 ans, il faut maintenant apporter au principe qui n'a produit aucun des mauvais résultats que certains craignaient, les modifications nécessaires pour l'améliorer dans son application, notre projet n'a pas d'autre but, ce n'est pas d'une question de principe dont il s'agit, mais d'une question de réglementation, d'assainissement, si nous pouvons nous servir de cette expression en matière d'état des personnes.

Nous n'avons pas à examiner si la société trouve plus d'avantage à ce qu'il se produise des divorces ou à ce qu'il ne s'en produise pas, mais à savoir si elle est intéressée à ce que les divorces qui se produisent s'effectuent avec ou sans le concours de la loi.

Il nous paraît difficile d'admettre qu'il y ait avantage pour la société à ce que la loi soit transgressée.

La liberté même la plus illimitée, n'est pas un obstacle à la fidélité, à la constance, au bonheur domestique et souvent même, elle en est un des principaux éléments ; on en trouve la preuve expérimentale dans une foule d'unions libres qui, malgré les sévérités du monde à leur égard, donnent souvent aux mariages réguliers des exemples que ceux-ci pourraient suivre sans déroger.

La question de l'intérêt de la femme qui était une de celles sur lesquelles on a le plus discuté lors du rétablissement du divorce en France en 1884, n'existe pas à propos du divorce par consentement mutuel. La femme et l'homme devant être consentants, elle ne renaîtrait que si l'un arrivait à discuter l'établissement du divorce par le consentement d'un seul que préconise Paul et Victor Margueritte et avec eux un certain nombre d'excellents esprits. Nous nous en occuperons plus tard, persuadé quant à présent qu'il faut obtenir le retour dans nos Codes du divorce par consentement mutuel qui ne présente aucun des inconvénients auxquels se heurterait une réforme trop absolue comme celle que nous venons d'indiquer.

Un autre argument opposé à la loi du divorce, n'a encore plus de raison d'être discuté à propos de notre projet, j'entends parler de la liberté de conscience des Catholiques. Il est certain que ce qu'ils réprouvent c'est le principe du divorce et que le principe existant, ils doivent se désintéresser de la question de savoir si le divorce aura lieu pour cause déterminée ou par consentement mutuel.

D'ailleurs si l'un des deux époux est catholique pratiquant, il n'admettra pas le divorce et par suite le rétablissement du divorce par consentement mutuel n'a aucun inconvénient pour lui, puisqu'il est décidé à maintenir l'indissolubilité de son mariage, qui ne pourra être attaqué que grâce au divorce pour cause déterminée.

En ce qui concerne la question des enfants, il n'y a rien de plus à dire contre le divorce par consentement mutuel que contre la séparation de corps et le divorce pour cause déterminée.

Bien plus, le droit de garde et de visite, d'éducation et d'entretien, sera nécessairement mieux compris, et plus utilement réglementé par les parents décidés au divorce l'un et l'autre que par les magistrats, qui ont en cette matière un pouvoir discrétionnaire absolu dont la pratique de chaque jour nous montre le danger.

Sans aucun renseignement certain ils disposent

du sort de malheureux enfants, sans s'inspirer d'autre chose que de l'époux contre lequel le divorce ou la séparation ont été prononcés, et chaque jour derrière le mirage qui résulte pour eux de la décision qu'ils ont rendu, ils remettent à un époux innocent, des enfants qui trouveraient des garanties beaucoup plus grandes à tous les points de vue près de l'époux coupable.

Dans l'intérêt pécuniaire des enfants le divorce par consentement mutuel est aussi nécessaire.

En effet le consentement mutuel suppose nécessairement le désir ou le besoin réciproque de divorcer ; or, qu'arriverait-il, si ce moyen était ôté aux époux. Il leur resterait d'autres voies, notamment celle des sévices et mauvais traitements : ils l'emploieraient d'accord ; ils se distribueraient les rôles ; l'un attaquerait, l'autre ne se défendrait point ou se défendrait faiblement, et le divorce serait le résultat nécessaire de cette collision, le plus souvent invisible. Le divorce par consentement mutuel permet au contraire aux époux de poser leurs conditions et de s'entendre sur ce qui doit être fait pour les enfants ; ils arriveront facilement à un meilleur résultat, connaissant mieux leurs ressources et leur situation que les Tribunaux qui sont souvent trompés et toujours ignorants du véritable état de choses.

Le divorce par consentement mutuel est aussi plus avantageux pour les enfants que le divorce pour causes déterminées, au point de vue de leur intérêt moral.

L'intérêt moral. — Quel intérêt plus pressant, peuvent-ils avoir que celui de sauver d'un éclat fâcheux le nom qu'ils doivent porter dans le monde, pour ne pas y entrer sous de fâcheux auspices. Il est utile pour leur honneur de ne pas obliger l'époux à qui le divorce est devenu nécessaire, à les flétrir par une action publique contre l'autre époux. S'il importe de jeter un voile officieux sur de graves écarts qui ne permettent plus à des époux de vivre ensemble, n'est-ce pas surtout quand il y a des enfants ? n'est-ce pas alors qu'une rupture scandaleuse est plus funeste ?

Il est de leur intérêt encore de ne pas voir des étrangers prendre place dans la famille, de n'être pas scandalisés par la division qui règne dans la maison de leur père et de leur mère ; et il faut se souvenir que, sans le divorce par consentement mutuel, beaucoup d'époux malheureux n'oseraient demander la dissolution du mariage.

Rien donc dans l'ordre moral ne s'oppose à cette réforme.

On dit : l'époux qui a donné lieu à des plaintes,

ne consentira jamais au divorce — « jamais, par exemple, le consentement ne sera donné, par le mari qui aura maltraité son épouse, n'eut-il d'autre motif pour le refuser que l'intérêt de ne pas restituer la dot : ce motif portait autrefois les maris à combattre les demandes en séparation de corps. »

Pour saisir la réponse qui a été faite à cette objection, il est nécessaire de distinguer.

Ou l'époux demandeur veut couvrir, par le consentement une cause déterminée de divorce, ou il le demande pour un motif que la loi n'a pas mis au nombre des causes déterminées.

Dans le premier cas, si l'autre refuse, il reste au demandeur la ressource de le poursuivre. Son malheur n'est donc pas sans remède.

Dans le second cas, il n'y aura pas, à la vérité de divorce ; mais de ce que le mode du consentement mutuel n'opère pas toujours le bien qu'on s'en promet, ce n'est pas un motif de le proscrire entièrement.

On a dit : Peut-on s'assurer de la sincérité du consentement mutuel ? l'époux qui se verra menacé de la part de l'autre, consentira-t-il librement ? Et peut-on regarder comme une cause légitime de divorce, un consentement arraché par la violence ?

Cette difficulté n'est pas aussi sérieuse qu'elle peut le paraître au premier aspect.

D'abord on ne conçoit pas pourquoi l'époux malheureux s'opiniâtrerait à vouloir demeurer avec son tyran ; les violences mêmes qu'on exerce contre lui et qui lui présentent un avenir funeste, ne peuvent que lui faire désirer de se dégager.

On dira que ses principes peuvent lui donner de la répugnance pour le divorce.

S'il en est ainsi, il a un autre moyen ; les mauvais procédés dont on a usé envers lui l'autorisent à demander la séparation de corps.

Mais supposons que des motifs qu'on ne peut pénétrer, le déterminent à rester dans l'union conjugale ; dans cette hypothèse, les violences ne le forceront pas de la rompre.

Le grand inconvénient du divorce pour causes déterminées, c'est l'impossibilité d'obtenir le divorce, faute de pouvoir administrer des preuves juridiques, c'est par suite de ne pas étendre le divorce à tous les cas où il est nécessaire.

Grâce au divorce par consentement mutuel, le divorce n'est pas renfermé dans le petit nombre de causes déterminées que la loi établit ; il a lieu toutes les fois que la vie commune est devenue insupportable aux époux. Ainsi ces causes, qui sans se réduire à un fait unique et précis, font du mariage un joug de fer, ne sont plus regardées comme des circonstances indifférentes.

Ce système est immoral, dira-t-on : il donne trop de latitude au divorce, et favorise la légèreté, le caprice.

On se trompe.

Si le divorce est un remède qu'il faille admettre quand la situation des époux le rend nécessaire, la loi ne peut faire que l'une de ces deux choses.

Ou calculer si exactement toutes les situations où les époux peuvent se trouver, qu'elle accorde déterminement le divorce dans toutes celles où la dissolution du mariage est devenue un besoin.

Ou autoriser les époux de leur propre consentement, à rompre un lien devenu intolérable.

Les parents n'ont rien à voir en cette matière.

On comprend à la rigueur que le consentement soit exigé lorsqu'il s'agit de conclure un mariage, parce que, à l'abri des entraînements de la passion, ils peuvent ainsi empêcher des unions désastreuses et cependant la loi ne leur permet pas d'empêcher, mais seulement de retarder un mariage, en rendant nécessaires certaines formalités.

Mais lorsqu'un mariage est conclu et que la vie entre époux est intolérable, qui donc est le meilleur des juges ? Les parents on les parties intéressées ? Ne se peut-il même pas que les époux, ne veuillent pas, par délicatesse, mettre leurs parents dans les confidences des faits qui dictent leur détermination ? Et cependant, quoique cette intervention ne s'explique plus ici, le législateur de 1803 faisait de ce consentement des parents, qui n'est une condition indispensable lorsqu'il s'agit d'un mariage à conclure, une condition indispensable lorsqu'il s'agissait d'un mariage à dissoudre par voi4 de consentement mutuel. C'était une contradiction que l'on pouvait justifier par des considérations d'opportunité politique, mais qui, vu de haut par le philosophe, ne se justifie pas.

Le divorce par consentement mutuel et persévérant des époux doit être exprimé d'une manière spéciale et accompagné d'épreuves suffisantes pour prouver que la vie commune est insupportable et que par suite il existe une cause péremptoire de dissolution du mariage.

Le divorce par consentement mutuel est, nous dit-on, une porte toute large ouverte à l'arbitraire, une disposition dangereuse, de nature à multiplier outre mesure le nombre des ménages qui se rompent.

Il suffit pour faire tomber cette objection d'exposer quelles formalités, quelles lenteurs, quelles épreuves, quels sacrifices avaient été imposés aux époux désireux de recourir à ce mode de divorce, par les législateurs de 1803, lesquels, suivant l'expression de Treilhard, s'étaient attachés « à vendre si chèrement le divorce par consentement mutuel, qu'il ne put y avoir que ceux auxquels il était absolument nécessaire qui fussent tenter de l'acheter »

D'après le titre VI du Code civil, le consentement des époux n'était point admis si le mari avait moins de vingt-cinq ans et la femme moins de vingt et un; si le mariage datait de moins de deux ans; s'il datait de plus de vingt-cinq ans, ou si la femme avait dépassé sa quarante-cinquième année. La commission parlementaire dont le projet a été repoussé en 1884 avait conservé les trois premières de ces conditions et avait demandé la suppression des deux dernières. C'était la seule transformation qu'elle proposât au chapitre III du titre VI du Code civil relatif au divorce par consentement mutuel.

Le Code civil ne se contentait pas d'exiger des époux l'affirmation de leur volonté mutuelle de divorcer. A moins qu'il ne restât plus à ceux-ci aucun ascendant vivant, le consentement des ascendants étaient nécessaires comme s'il s'était agi d'un mariage, avec cette différence toutefois que, dans le cas du mariage, on peut se passer du consentement des pères et mères au moyen des actes respectueux, tandis qu'ici ce consentement était toujours indispensable.

Les époux résolus à divorcer devaient en faire déclaration et produire, d'une part, des pièces constatant l'adhésion de leurs pères et mères et, d'autre part une convention écrite réglant les trois points qui suivent : 1° A qui les enfants seraient confiés, soit pendant les épreuves, soit après le divorce ; 2° Dans quelle maison la femme devrait résider pendant le temps des épreuves ; 3° Quelle somme le mari devrait payer à sa femme pendant le même temps si elle n'avait pas des revenus suffisants pour pourvoir à ses besoins.

Après cette première comparution, et si la tentative de conciliation faite par le magistrat n'avait pas abouti, la femme avait à se retirer dans le domicile convenu. Trois mois plus tard les deux époux étaient tenus de se représenter en personne devant le magistrat, de renouveler leur déclaration et de fournir une seconde fois la preuve du consentement de leurs ascendants, preuve résultant de pièces nouvelles données expressément pour cette seconde déclaration.

Les époux se retiraient ensuite une seconde fois dans leurs domiciles respectifs et, après les trois autres mois — c'est-à-dire à neuf mois de date de leur première comparution — ils étaient obligés de comparaître une dernière fois, d'affirmer que leur décision était resté irrévocable et de prouver que l'autorisation de leurs ascendants leur demeurait acquise.

C'est seulement trois mois après cette troisième déclaration qu'ils étaient autorisés à faire repro-noncer le divorce par l'officier de l'état civil.

Mais — et par cela seul que la voix du consentement mutuel avait été choisie — les époux divorcés ne pouvaient se remarier qu'au bout de trois ans et la moitié des biens de chacun d'eux était acquise de plein droit, à partir du jour de la première déclaration, aux enfants issus du mariage.

Il est évident que, pour que la détermination des époux résistât à une année de séparation, pour que deux familles dont les intérêts sont contradictoires, consentissent d'une manière persistante au divorce, pour que les époux acceptassent d'abandonner la moitié de leur fortune, il fallait des motifs bien graves, bien sérieux, des motifs tels que certainement le divorce pour causes déterminées aurait été obtenu sans difficulté, si la voix du consentement mutuel n'avait point été préférée.

Ici s'élève une objection :

Si le consentement mutuel ne permet d'obtenir le divorce qu'à ceux-là qui, à la rigueur, pourraient l'obtenir autrement, il est inutile et alors pourquoi le demander.

C'est dans l'intérêt supérieur des familles que le législateur de 1803 avait rangé le consentement mutuel des époux au nombre des causes du divorce. C'est dans le même intérêt que la commission parlementaire dont M. Léon Renault était le rapporteur, avait persévéré dans cette voix.

« Si le législateur de 1803 admet le divorce par consentement mutuel, dit M. Léon Renault.. c'est parce qu'il reconnaît que parmi les causes justificatives du divorce, il en est de si graves, et de nature à entraîner pour époux défendeur (M. Léon Renault aurait pu ajouter : et pour les enfants) de si funestes conséquences, que son conjoint, victime d'attentats odieux, peut, à raison de l'élévation et de la délicatesse de sa conscience, préférer les tourments les plus cruels et la mort même à l'éclat et à la manifestation publique de ses légitimes griefs.»

De fait, qu'on suppose un homme qui a des filles et qui surprend sa femme en flagrant délit d'adultère.

Lui intentera-t-il une action en divorce pour cause déterminée ? Se décidera-t-il à rendre publique la honte de son épouse ? honte qui rejaillira sur ses enfants, en vertu d'un préjugé, sans doute, mais d'un préjugé dont le législateur est bien forcé de tenir compte ?

Ou bien encore, supposons qu'un époux attente à la vie de son conjoint et que celui-ci puisse fournir la preuve de cette criminelle tentative.

L'époux innocent consentira-t-il à invoquer publiquement cette cause pour obtenir la rupture de son mariage ? Livrera-t-il ainsi l'époux coupable à la justice, au risque de souiller sa famille tout entière par la condamnation infamante qui le frappera ?

Tout honnête homme, toute honnête femme reculerait épouvanté à l'idée de se libérer par de pareils moyens. Et cependant il eût été inadmissible que l'époux innocent fût placé dans cette cruelle alternative : ou demeurer à jamais attaché à qui, a sali son nom, à qui, a attenté à sa vie, ou compromettre gravement sa famille.

La loi ne pouvait pas ne pas se préoccuper des cas de cet ordre, et c'est pour cela que le divorce par consentement mutuel avait été admis.

Nous croyons devoir reprendre ici ce qui est l'esprit même de notre code civil et montrer ainsi les bienfaits résultant du divorce par consentement mutuel.

1° L'objet direct du divorce est de remédier aux malheurs domestiques et insupportables des époux Or, on sait que ces malheurs tiennent le plus souvent, non à des faits précis qu'on puisse articuler et prouver, mais à une suite de procédés amers, de contrariétés irritantes, de traitements hostiles, d'oppositions de goûts et d'humeurs, de passions inconciliables. Vivez quelques jours dans toutes les maisons que la discorde déchire et que la haine habite, vous y verrez ou un époux hypocrite qui comble sa compagne d'égards extérieurs sous les yeux des étrangers, et qui lui distille le fiel en particulier ; ou une épouse artificieuse, qui masque ses vices sous le voile de la décence publique, souvent même sous celui d'une fausse tendresse, et qui déchire d'autant plus cruellement le cœur d'un mari estimable, qu'elle sait lui ôter le droit de se plaindre. La contestation la plus outrageante, la plus vive querelle n'attend, pour recommencer, que le moment où les témoins sont écartés. Les enfants seuls, c'est-à-dire, ceux-là même qu'il serait le plus important d'éloigner de ces scènes de douleurs, soupçonnent et bientôt connaissent des discordes si scandaleuses et si funestes à leur bonheur, à leur éducation et à leurs mœurs. Où est le fait qu'un mari, qu'une femme puissent poser? où est celui qu'ils peuvent prouver? où est celui qu'on peut juger! Réduire à des faits précis les causes de la séparation et du divorce, c'est donc, le plus souvent, ne rien faire; c'est proposer un remède aux malheurs, à condition qu'il ne pourra guérir les malheurs les plus ordinaires, les plus cruels, les plus intolérables. (Observations de la Cour de Cassation, sur le principe du divorce par consentement mutuel).

Or, comme, dans le système des causes indéterminées, on ne s'arrête qu'à la volonté, soit d'un seul des époux, soit de tous les deux, et qu'on lui donne ses effets sans juger les motifs qui la déterminent, le divorce peut être demandé même pour des causes que la loi n'a pas prévues.

2° Le divorce par consentement mutuel lève les obstacles qui peuvent rendre le divorce impossible dans le fait, quoiqu'il existe des causes pour lesquelles il est autorisé dans le droit.

Si l'on ne pouvait obtenir le divorce qu'en révélant les motifs qui le font demander, et en les justifiant par des preuves juridiques, le divorce pourrait devenir impossible sans le fait, quoiqu'il existât des causes pour lesquelles il est autorisé dans le droit.

L'époux qui voudrait faire usage du divorce, se trouverait souvent arrêté,

Par l'honneur,

Par l'humanité,

Par la difficulté de prouver.

Le système des causes indéterminées fait cesser ces trois obstacles.

Ce système fait cesser l'obstacle qui vient de l'honneur.

Dans le cas de l'adultère « le jugement qui prononcerait le divorce, serait déshonorant, s'il était fondé sur des faits prouvés. » (*Le premier Consul* procès-verbal du 14 vendémiaire, an 10, tome 1er, page 305.) « Quel malheur ne serait ce pas que de se voir forcé à exposer les faits et à révéler jusqu'aux détails les plus minutieux et les plus secrets de l'intérieur de son ménage.

« On conçoit que quelques hommes qui auront perdu toute honte, auront le triste courage de profiter du moyen que la loi n'a pu leur refuser, et qu'ils introduiront devant les tribunaux une action en divorce fondée sur l'adultère.

« Mais un homme qui n'est pas tout à fait insensible à l'honneur, avant de faire retentir les Tribunaux des faits scandaleux qui prouveront l'adultère, pensera que le succès même de sa demande attirera sur lui la haine d'un sexe, le mépris de l'autre, et qu'un ridicule ineffaçable le poursuivra partout.

« Si cet homme a des enfants, il pensera qu'il va les déshonorer, qu'il va flétrir ses filles, les couvrir de la honte de leur mère, et les condamner au célibat.

« Or, ce moyen, lui fût-il présenté par la loi, il le

rejettera avec horreur; et malheur à celui qui ne préfèrera pas le supplice de vivre auprès d'une femme qui l'aura déshonoré, à la flétrissure qui suivra sa vengeance. » (Réal, procès-verbal du 24 vendémiaire, an 10, tome 1er, page 355.)

« Dira-t-on que, si l'on ne veut pas proclamer l'adultère, qui serait cependant le véritable motif de l'action intentée, ou pourra prendre pour prétexte les sévices et mauvais traitements. » (tome 1er, pages 355 et 356.)

Mais la loi ne peut pas « conseiller de bâtir un roman et de mentir à la justice. » (tome 1er, page 356.)

D'un autre coté « il faudrait prouver les sévices, et comment parvenir à la preuve de faits qui n'existent pas » !

Enfin, les trouvât-on, le succès de la demande serait encore douteux « toujours faut-il convenir qu'il dépendra des juges de ne point y avoir égard. » (Réal, procès-verbal du 24 vendémiaire, an 10, tome 1er, page 356.)

Le système des causes indéterminées n'obligeant pas de dévoiler les véritables motifs, ce premier obstacle disparaît.

Ce même système fait cesser l'obstacle que l'humanité peut apporter à la demande de divorce.

« Parmi les causes déterminées du divorce, il en est quelques-unes d'une telle gravité, qui peuvent entraîner de si funestes conséquences pour l'époux défendeur (telles, par exemple, que les attentats à la vie), que des êtres doués d'une excessive délicatesse préfèreraient les tourments les plus cruels, la mort même, au malheur de faire éclater ces causes par des plaintes judiciaires. Ne convenaient-ils pas, pour la sûreté des époux, pour l'honneur des familles toujours compromis, quoi qu'on puisse dire, dans ces fatales occasions, pour l'intérêt même de toute la société, de ne pas forcer à une publicité non moins amère pour l'innocent que pour le coupable. » (Treilhard, *Exposé des motifs,* procès-verbal du 19 ventôse, an 2, tome II, page 547.)

Le divorce pour causes indéterminées n'obligeant point de révéler ces faits sauve cette publicité.

Il fait cesser également l'obstacle qui résulte de l'impossibilité de prouver.

Si les motifs de la demande doivent non seulement être révélés, mais encore justifiés par des preuves juridiques, les causes les plus réelles n'opèreront pas toujours le divorce L'adultère, par exemple, ne peut obtenir de succès que par des preuves toujours très difficiles, souvent impossibles. Cependant le mari qui n'aurait pu les faire, serait obligé de vivre avec une femme qu'il abhorre, qu'il méprise et qui introduit dans sa famille des enfants étrangers. (*Le premier Consul*, procès-verbal du 14 vendémiaire, an 10, tome Ier, page 307.)

Or, dans le divorce pour causes indéterminées, il n'y a à prouver que la volonté des parties.

Les procès en divorce ou en séparation de corps entachent toujours, dans une certaine mesure, l'honneur de la famille, et si l'époux demandeur — malgré les sacrifices que ce choix lui impose — a assez d'abnégation pour ne recourir qu'au consentement mutuel, les intérêts de tous sont bien plus efficacement sauvegardés.

Dans notre projet de loi que nous allons maintenont présenter à nos lecteurs, nous nous sommes constamment inspiré du titre VI du Code civil, auquel, après mûres et longues réflexions, nous n'apportons que des modifications de détail qui nous paraissent humaines et nécessaires, étant données les mœurs de la société moderne dans laquelle nous vivons, il reste bien entendu que ce que nous voulons, c'est moins d'hypocrisie dans la loi, mais que nous n'entendons pas interdire le divorce pour causes déterminées (adultère, excès, sévices, injures graves). Liberté entière subsistera pour ceux qui voudront divorcer dans les conditions des lois de 1884 et de 1886. Nous estimons même qu'il y aura lieu d'étendre ces causes déterminées et d'y ajouter dans une certaine mesure à déterminer l'incompatibilité d'humeur, la folie, les dissentiments religieux, l'alcoolisme, l'abandon pendant un certain nombre d'années, mais ce sera l'objet d'un autre projet de loi.

PROJET DE LOI

Article Ier. — Le divorce peut être admis par consentement mutuel des époux, lorsque le mari a vingt-cinq ans au moins et la femme au moins vingt-et-un ans.

Article II. — Le consentement mutuel ne sera admis qu'après deux ans de mariage.

Article III. — Les époux qui voudront divorcer par consentement mutuel devront au préalable faire inventaire et estimation de leurs biens meubles et immeubles, et régler leurs droits respectifs sur lesquels ils seront libres de transiger.

Article IV. — Ils devront constater par écrit en même temps :

1° A qui les enfants de leur union seront confiés soit pendant le temps d'épreuve, soit après le divorce prononcé ;

2° Dans quelle maison la femme devra se retirer et résider pendant le temps des épreuves ;

3° Quelle somme le mari devra payer à sa femme pendant le même temps, si elle n'a pas des revenus suffisants pour subvenir à ses besoins.

Article V. — Les époux décidés à divorcer par consentement mutuel se présenteront ensemble et en personne, devant le Président du Tribunal de leur arrondissement, ou devant le Juge qui en fera fonctions ; ils lui feront la déclaration de leur volonté, en présence de deux témoins majeurs de vingt-cinq ans.

Article VI. — Le Juge fera aux deux époux réunis et à chacun d'eux en particulier, en présence des deux témoins, telles représentations et exhortations qu'il croira convenables. Il leur donnera lecture du titre du Code qui règle les « Effets du Divorce », et leur développera toutes les conséquences de leurs démarches.

Article VII. — Si les époux persistent dans leur résolution, il leur sera donné acte, par le Juge, de ce qu'ils demandent le divorce et y consentent mutuellement. Ils seront tenus à cet instant de produire la convention prévue par l'article IV, et le Juge en ordonnera le dépôt au greffe ainsi que des actes de leur naissance et de leur mariage, et des actes de naissance et de décès de tous les enfants nés de leur union.

Article VIII. — Le Juge fera immédiatement dresser par son greffier un procès-verbal détaillé de tout ce qui aura été dit et fait. Ce procès-verbal et les pièces ci-dessus indiquées seront déposés au greffe du Tribunal ; ce procès-verbal contiendra l'injonction à la femme de se retirer dans les vingt-quatre heures, dans la maison convenue entre elle et son mari, et d'y résider jusqu'au divorce prononcé.

Article IX. — Cette déclaration sera renouvelée de trois mois en trois mois, trois fois, dans la première quinzaine des quatrième, septième et dixième mois. A ce renouvellement de déclaration, les témoins n'auront pas à assister et aucun acte nouveau ne devra être produit. Chacune de ces déclarations sera constatée par le Juge dans un procès-verbal déposé au greffe.

Article X. — Dans la quinzaine du jour où sera révolue l'année à compter de la première déclaration, les époux, assistés chacun de deux témoins majeurs de vingt-cinq ans, se présenteront ensemble devant le Président du Tribunal ou devant le Juge qui en fera fonctions. Le Juge se fera remettre par le greffier les procès-verbaux et les pièces annexées. Les époux requéreront alors du magistrat, chacun séparément mais en présence des quatre témoins, l'admission du divorce.

Article XI. — Après que le Juge aura fait ses observations aux époux, il leur sera donné acte de leur réquisition. Le greffier du Tribunal dressera un dernier procès-verbal qui sera signé, tant par les parties (à moins qu'elles ne déclarent ne savoir ou ne pouvoir signer, auquel cas il en sera fait mention), que par les quatre témoins, le juge et le greffier.

Article XII. — Le Juge mettra de suite, au bas de ce procès-verbal, une ordonnance portant que, dans les trois jours, il sera par lui référé du tout au Tribunal en la Chambre du Conseil, sur les conclusions par écrit du Procureur de la République, auquel les pièces seront, à cet effet, communiquées par le greffier.

Article XIII. — Si le Procureur de la République trouve dans les pièces la preuve que les deux époux étaient âgés, le mari de vingt-cinq ans, la femme de vingt-et-un ans ; qu'ils ont fait leur première déclaration ; qu'à cette époque, ils étaient mariés depuis deux ans ; que le consentement mutuel a été exprimé quatre fois dans le cours de l'année dans les conditions prescrites par la loi, il donnera ses conclusions en ces termes : *la loi permet ;* dans le cas contraire, ses conclusions seront en ces termes : *la loi empêche.*

Article XIV. — Le Tribunal, sur le référé, ne pourra faire d'autres vérifications que celles indiquées par l'article précédent. Si les parties ont satisfait aux conditions imposées par la loi, le Tribunal admettra le divorce et en ordonnera la transcription sur les registres de l'Etat-civil en marge de l'acte de mariage, et ce dans le délai d'un mois à la diligence du greffier du Tribunal. Dans le cas contraire, le Tribunal déclarera qu'il n'y a pas lieu d'admettre le divorce et donnera le motif de sa décision.

Article XV. — L'appel du jugement qui aurait déclaré ne pas y avoir lieu à admettre le divorce, ne sera recevable qu'autant qu'il sera interjeté par les deux parties, et néanmoins par actes séparés, dans les dix jours au plus tôt, et au plus tard dans les vingt jours de la date du jugement de première instance.

Article XVI. — Les actes d'appel seront réciproquement signifiés tant à l'autre époux qu'au Procureur de la République.

Article XVII. — Dans les dix jours, à compter de la signification qui lui aura été faite du second acte d'appel, le Procureur de la République fera passer au Procureur général l'expédition du jugement et des pièces sur lesquelles il est intervenu. Le Procureur général donnera ses conclusions par écrit dans les dix jours qui suivront la réception des pièces, et dans les termes indiqués par l'article 13.

Le Président ou un des conseillers composant la Chambre du Conseil de la Cour d'appel fera un rapport à la Cour en Chambre du Conseil, et il sera statué dans les dix jours qui suivront la remise des conclusions du Procureur général.

Article XVIII. — Après le divorce par consentement mutuel, comme en cas de divorce pour causes déterminées, la femme ne pourra contracter un nouveau mariage que dix mois après la transcription du divorce sur les registres de l'Etat-civil.

Article XIX. — Le divorce par consentement mutuel fera disparaître les avantages que se seraient faits les deux époux soit par leur contrat de mariage, soit depuis le mariage contracté, sous la réserve qui est stipulée par l'article troisième de la présente loi.

DISCUSSION DES ARTICLES

Article premier. — « Le Divorce peut être admis par consentement mutuel des époux lorsque le mari a ving-cinq ans au moins et la femme au moins vingt-et-un ans ».

L'article premier réintroduit le principe du consentement mutuel dans notre Code. C'est peu de tâcher d'avoir de bons mariages ; il faut encore laisser le moyen de les rectifier quand ils sont mauvais, et peut-être dans l'état d'imperfectibilité où sont les hommes l'art de corriger les fautes est-il plus utile que celui de les prévenir.

Ne pourrait-on point découvrir l'art de se faire aimer de sa femme ? demandait La Bruyère il y a cent ans. Peut-être s'était-il aperçu, comme Montaigne, que « d'autant s'est dépris et relâché le nœud de la volonté et de l'affection, que celui de la contrainte s'est rétréci. »

La Convention Nationale dans la séance du 27 août 1792 posait le principe du divorce par consentement mutuel en ces termes ;

« La volonté seule des époux a fait le mariage, leur volonté seule doit le rompre, sans qu'il y ait lieu, en aucun cas d'invoquer des causes déterminées qui sont toujours un objet de scandale. »

Pourquoi voulons-nous le divorce par consentement mutuel ? 1° parce que le divorce pour causes déterminées ne peut se prouver sans déshonorer celui qui en est l'objet. Est-il juste d'exiger qu'une femme soit l'accusatrice publique de son mari ? Est-il prudent, en divorçant deux époux mal assortis, d'en faire deux ennemis irréconciliables ? Hélas ! nous n'avons que trop gémi de ces indécentes procédures de divorce, où deux époux ne pouvaient se quitter qu'en se déchirant mutuellement, de cette espèce de congrès moral, plus honteux peut-être que le congrès physique, dont nos tribunaux ont eu si longtemps à rougir.

Ce n'est, comme le disent si bien Paul et Victor Margueritte, ni dans le silence, ni dans le calme, ni à l'écart que se pratique cette opération cruelle ; c'est dans la cohue des salles d'audience, au vu et au su de tous. Pour divorcer il faut livrer à la malignité publique des désordres, des hontes qu'il eût été préférable de tenir secrets. La publicité interdite des débats n'empêche nullement le scandale ; les murs du Palais de Justice ne sont pas tellement épais que la voix mordante des avocats ne passe au travers. Ce n'est pas assez pour une femme digne de respect, pour un galant homme d'avoir cruellement souffert; il faut qu'ils souffrent encore de tout ce qu'un procès avec enquête, débats, plaidoiries, leur apporte de dégoûts et de douleur. La loi veut des motifs et des preuves. Le magistrat, tour à tour confesseur, médecin, matronne, plonge son nez dans l'alcôve, fouille le linge sale, découvre les plaies et les sanies. Une fois édifié, accorde-t-il au moins le divorce? Pas toujours.

2° Parce que quand les causes déterminées n'existent pas, il est aisé de les faire naître ou de les supposer. Je ne cite qu'un exemple : en Angleterre pendant un certain temps le divorce ne s'accordait que pour cause d'adultère; qu'arrivait-il? On devenait adultère pour divorcer. Le législateur, en exigeant cette condition, n'arrêtait pas le divorce, il faisait seulement commettre une faute de plus. C'est un second abus de nos divorces: la femme galante d'un époux honnête, obtient quelques services publics, ou séduit quelques témoins, et l'on prononce un divorce légale en apparence, injuste en réalité.

En bannissant le consentement mutuel, la loi de 1884 a fourni tous les moyens d'y atteindre : il suffit de tourner la loi. Puisqu'adultère, sévices, excès, injures graves sont les seules causes d'adultère, deux époux d'accord peuvent les invoquer. Un peu de mise en scène y suffit. Et c'est par là que pêche encore notre divorce. Il a cru exclure l'incompatibilité d'humeur, et c'est elle qui reparaît déguisée et masquée dans tous les procès, car elle seule empoisonne vraiment la vie, à chaque minute. Il a cru proscrire le consentement mutuel, et voilà que les plaideurs jouent d'astuce avec le tribunal établissant des adultères truqués, (passez aux agences !) des scènes devant témoins complaisants. La justice, malgré sa méfiance, est bafouée, et il ne peut pas en être autrement.

3° Parce que, quand une des causes déterminées existe, il n'est pas toujours possible de la prouver : qu'un homme adroit sache concentrer ses fureurs dans l'intérieur de son ménage ; ou sa triste compagne trouvera-t-elle des preuves et des témoins ? Qu'une femme artificieuse sache voiler ses désordres, comment son malheureux époux appuiera-t-il sa demande de justes plaintes ? C'est un troisième vice du divorce pour causes déterminées et combien d'épouses honnêtes n'ont pu prouver les torts très réels, d'un époux assez adroit pour éviter les regards du public, et pour éluder une jurisprudence connue !

Les conditions et les formes imposées par la loi garantissent l'existence d'une cause péremptoire : le consentement dont il est question ne consiste pas dans l'expression d'une volonté passagère ; il doit être le résultat d'une position insupportable. Les épreuves garantiront la constance de cette volonté.

Quelques personnes ont paru préférer le divorce pour incompatibilité d'humeur au divorce par consentement mutuel : une réflexion bien simple suffira pour les ramener à notre projet.

Si l'allégation d'incompatibilité d'humeur avait été permise à un seul des époux, on se serait exposé au reproche fondé d'attacher la dissolution d'un contrat formé par le consentement de deux personnes, au seul repentir de l'un des deux contractants, et sous ce point de vue, la cause d'incompatibilité était susceptible des plus fortes objections.

Si, au contraire, on veut supposer que pour être admise l'allégation d'incompatibilité eût dû être proposée par les deux époux, il est clair que cette clause rentrerait dans celle du consentement mutuel ; il n'y aurait que le nom de changé.

On a dit aussi que les vœux du législateur seraient presque toujours trompés, et que le coupable d'excès envers l'autre époux refuserait son consentement : ce refus est possible ; il n'est pas vraisemblable.

Une femme convaincue d'adultère ne se trouverait-elle pas trop heureuse que par un excès d'indulgence, l'époux consentit â cacher sa faiblesse ? Ce conjoint coupable d'un attentat n'aurait-il pas le même intérêt ? Leur conscience n'est-elle pas leur premier juge ? Et les proches parents, intéressés aussi à cacher les torts de famille, n'auraient-ils pas toutes sortes de moyens pour vaincre des résistances injustes ? Enfin si le coupable persistait dans ses refus insensés, l'aure époux serait toujours libre de former sa demande pour causes déterminées ; il aurait satisfait à tout ce que pouvait exiger de lui sa profonde délicatesse ; il pourvoirait ensuite à sa sûreté en recourant à l'autorité des tribunaux.

Savoye-Rollin dans un rapport fait au Tribunal dans la séance du 18 mars 1803, résumait ainsi la nécessité du divorce par consentement mutuel ; nous ne pouvons mieux faire que de reproduire cette opinion.

« Dans le système du consentement mutuel, on a avoué d'abord qu'un contrat perpétuel par sa destination devait être à l'abri des dégoûts que de vains caprices enfantent, et qu'il fallait lui donner une force capable de résister aux orages fugitifs des passions, mais on a distingué ces fièvres accidentelles de l'imagination, de ces antipathies sombres et profondes, qui, nées d'une foule d'impressions successives se sont lentement amassées autour du cœur dans le cours d'une union mal assortie ; alors on a examiné l'indissolubilité du contrat, on n'a pu penser qu'elle fut assez absolue pour se transformer en un joug insecouable ; on a trouvé naturel que le même consentement qui avait tissu le lien pût le défaire, consentement qui garantissait qu'aucune partie n'était lésée, puisqu'elle avait la puissance du refus. On s'est dit que si les bons mariages remplissaient la vie de bonheur, les mauvais étaient tout à la fois funestes aux époux obligés de les supporter, aux enfants, qui en partageaient l'influence, à la Société qui en redoutait l'exemple : aucun motif humain ne pouvait donc arrêter la loi civile qu'invoquaient conjointement des époux lassés de leurs fers. Les législateurs n'auraient pas compris l'étendue de leurs devoirs, si leurs lois ne savaient que contraindre et punir ; entre ces deux points extrêmes, qu'ils sachent en placer de plus douces, qui prêtent un appui au malheur, ouvrent des ressources à la faiblesse et des asiles au repentir ! Et quand même l'antipathie des époux serait due à des torts très graves, ne faut-il pas encore les secourir, si ces torts ensevelis dans la vie domestique sont dénués de témoignages étrangers ?

Quel sort réserveriez-vous donc à cette victime que vous voyez se débattre dans un lien douloureux, qu'elle ne peut ni briser ni souffrir? Songez que de ce contrat qui l'unit encore à son bourreau, toutes les conditions en ont été violées par lui, et ne subsistent maintenant que contre elle. Une situation si violente et des maux si cruels appellent, malgré nous, le remède des lois. Mais il faut que la détermination grave de délier un engagement qui devait ne finir qu'avec la vie, présente tous les caractères d'une évidente nécessité : la loi n'a aucun moyen de souder les cœurs, mais elle y supplée par des préoccupations et des épreuves ; la contrainte qui les surmonte lui donne la mesure des sentiments dont elle émane ; elle apprécie les motifs qui désunissent deux époux ; par leur ténacité même à vaincre les obstacles qu'on leur oppose. »

Le consentement mutuel et persévérant des époux, exprimé de la manière prescrite par la loi, sous les conditions et après les épreuves qu'elle détermine, prouvera suffisamment que la vie commune leur est insupportable, et qu'il existe, par rapport à eux, une cause péremptoire de divorce.

La loi de 1792 faisait du consentement mutuel une cause directe et suffisante de divorce.

Le Code Napoléon, au contraire ne permettait de l'employer que comme un signe qu'il existait d'autres causes plus légitimes. C'est ce dernier système que nous avons adopté.

La loi du 20 septembre 1792 avait, en effet, permis le divorce pour causes indéterminées, c'est-à-dire, par le seul effet de la volonté soit de l'un des époux, soit de tous les deux.

La majorité des commissaires de la Cour de Cassation, l'un des commissaires de la Cour de Lyon, une partie de la section de législation et plusieurs membres du Conseil d'État admettaient le divorce sur simple allégation d'incompatibilité de la part de l'un des époux. C'était le principe de la oi du 20 septembre 1792.

Après de nombreuses discussions on reconnut qu'il était impossible de corriger les abus de ce mode de procéder, et on se tourna vers le divorce par consentement mutuel en considérant le consentement comme une cause directe et suffisante.

Montesquieu a dit, il est vrai, que l'incompatibilité dhumeur est une cause suffisante de divorce; mais il suppose que cette incompatibilité existe des deux côtés, et qu'elle détermine le consentement mutuel des deux époux à la dissolution du mariage ; mais comment admettre le divorce par le consentement d'un seul pour son intérêt, quand l'autre résiste ?

Vous voulez que la volonté d'un seul domine la loi suprême ; une volonté particulière, obscure, sans motifs, souvent dégoutante (Portalis, procès-verbal du 14 vendémiaire, an X.)

La faculté donné à un seul des époux de rompre le mariage sans cause prouvée serait une tyrannie.

Il n'y a en réalité de vrai divorce que par consentement mutuel : lorsqu'un seul demande la dissolution du mariage, on doit exiger des causes et alors il n'y a plus de divorce, il y a répudiation.

L'incompatibilité ne peut-être admise que lorsqu'elle est mutuelle.

Le principe étant posé par l'article premier, nous nous sommes de suite occupé des conditions à imposer, nous avons fixé pour l'homme l'âge de vingt-cinq ans, pour la femme l'âge de vingt-et-un ans, c'est l'âge de la majorité légale, il faut au moins l'avoir atteint pour prendre un parti aussi grave et pour être définitivement le maître même en dehors de la famille de rompre une union qui devait avoir la durée de la vie. C'est enfin l'âge où l'homme et la femme ont été admis par la loi à prendre seuls, les résolutions les plus graves.

Article deuxième. — « Le consentement mutuel ne sera admis qu'après deux ans de mariage. »

Cette seconde condition se justifie par les principes mêmes que nous avons posés. Le mariage ne peut être un pari, c'est un acte trop grave, pour que sans expérience, sans effort pour le maintenir, surtout pendant la première année où le changement de vie rend la situation si pénible aux époux qui par la suite seront les plus heureux, on puisse permettre la rupture du lien conjugal. Avant de se décider à ne plus s'entendre, il faut au moins essayer de s'entendre; une période de deux années de mariage est suffisante, mais en même temps nécessaire pour savoir si la vie commune est possible ou impossible.

Article troisième. — « Les époux qui voudront divorcer par consentement mutuel, devront au préalable faire inventaire et estimation de leurs biens, meubles et immeubles, et régler leurs droits respectifs sur lesquels ils seront libres de transiger. »

Cet article contient trois dispositions :

Il ordonne aux époux de faire un inventaire et une estimation de leurs biens ;

Il veut qu'ils règlent leurs droits respectifs ;
Il leur permet de transiger sur ces droits.

De l'inventaire et de l'estimation des biens

L'inventaire et l'estimation des biens sont indispensables pour parvenir au règlement des droits.

C'est par cette raison qu'ils sont forcés, le règlement préalable des droits ayant été jugé nécessaire dans le cas du divorce par consentement mutuel.

Du règlement des droits

« Il était très important d'ordonner le règlement des droits, pour empêcher que la femme ne fût obligée de plaider après le divorce, à l'effet d'obtenir la liquidation de ses reprises, et ne demeurât cependant dans l'indigence pendant le cours du procès. »

On a voulu que les parties réglassent elles-mêmes, parce qu'il a paru « difficile de les envoyer devant les tribunaux, lorsque, pour les éviter, elles recourent au consentement mutuel. »

Il n'en est pas ici comme dans l'autre mode de divorce. Lorsque la dissolution du mariage est demandée pour une cause déterminée, c'est la justice qui prononce. Lorsqu'elle est l'effet du consentement mutuel, la justice n'intervient que pour vérifier, éprouver et sanctionner la volonté des époux.

On a donc pensé que, s'ils étaient obligés de s'accorder sur le sort du mariage, on devait, à plus forte raison, les obliger de se mettre d'accord sur les effets que le divorce aurait par rapport aux biens.

On objectera que le débat d'intérêt peut empêcher le consentement mutuel d'intervenir.

Mais il n'est pas dans l'esprit de la loi d'encourager le divorce. « L'obligation dont il s'agit ici a été au contraire imposée aux époux pour rendre le divorce plus difficile ».

Au surplus, la faculté qu'ils ont de transiger peut aplanir beaucoup de difficultés.

De la faculté de transiger

On a objecté, contre cette faculté, « que la femme ne peut transiger tant qu'elle est en la puissance de son mari, et que cependant elle y demeure jusqu'à ce que le divorce soit prononcé. »

Cette objection a été repoussée par deux réponses faites dans deux systèmes différents.

D'un côté, on a dit « que la femme est sans doute

sous la puissance maritale tant que le mariage subsiste encore ; mais qu'en général elle se fait autoriser par le juge, toutes les fois que les circonstances la forcent de traiter avec son mari. »

D'un autre côté, on a soutenu « que, dans le cas de l'article, l'autorisation de la loi supplée celle du mari ; » « qu'elle équivaut aussi à l'autorisation que pourraient accorder les tribunaux ».

La rédaction que nous proposons, « n'oblige pas la femme à prendre l'autorisation du juge », et se borne ainsi à celle de la loi, la question est de savoir si l'on doit maintenir ce système, ou si l'on doit renvoyer la femme à la justice.

Ici il faut se rappeler que la nécessité où est la femme de se faire autoriser par son mari, a pour principe l'obéissance qu'elle lui doit, et non la faiblesse du sexe.

Sous ce premier rapport, on ne peut pas balancer. L'autorisation de la loi doit suffire à la femme, que, dans ce cas particulier, il est indispensable d'affranchir des règles ordinaires.

Cependant on ne peut s'empêcher d'envisager la question sous un autre rapport, sous celui de la lésion à laquelle la femme peut se trouver exposée, et alors il importe d'examiner si, pour l'en garantir, il ne convient pas de ne lui permettre de transiger que sous l'autorité du juge.

Mais d'abord, le législateur doit-il se mettre en peine du tort que la transaction pourrait causer à la femme ?

« Lorsque les parties préfèrent le divorce par consentement mutuel, c'est qu'elles sont d'accord sur les conséquences qu'il entraînera : les sacrifices sont du nombre de ces conséquences. »

« Quelquefois même la lésion que la femme éprouve est juste, parce qu'elle est le prix du silence qu'on a gardé sur les causes scandaleuses du divorce. »

Cependant le Conseil d'Etat lors de la confection du Code civil avait pensé qu'on ne devait céder à ces raisons, que si l'on ne trouvait pas de moyen d'empêcher que la femme ne fût lésée.

L'autorisation du juge pouvait-elle opérer cet effet ?

On a dit, pour l'affirmative, que « le juge n'autoriserait qu'en connaissance de cause ; il veillerait aux intérêts de la femme, et refuserait son autorisation s'il craignait qu'elle ne lui fût préjudiciable. Il convient donc d'ajouter à l'article que la femme se fera autoriser par le Tribunal. » « Sans cette précaution, le mari aurait trop d'ascendant. » Enfin, « il ne faut pas perdre de vue que le mari, pour s'emparer des biens de la femme à la faveur d'un divorce, emploierait la violence à l'effet de lui arracher son consentement ; elle achèterait la tranquillité par une transaction ».

Une réflexion bien simple nous a décidé, comme cela existait dans l'ancien Code civil, à écarter ces raisons : « l'autorisation du juge ne serait ici que de pure forme, puisque l'acte n'aurait pas été soumis à son approbation ; d'ailleurs, l'article se borne à rendre la transaction facultative, au lieu qu'elle deviendrait forcée si elle était ordonnée par la loi ».

Alors, pour donner de l'effet à l'intervention du juge, il a été proposé « d'ordonner qu'elle ne serait accordée qu'après l'inventaire et l'estimation des biens, et qu'elle porterait sur le projet de partage ».

Mais ce moyen lui-même n'était pas sans difficulté ; il fallait renvoyer devant les tribunaux des parties qui ne recouraient au consentement mutuel que pour empêcher la justice d'intervenir dans leurs démêlés.

La femme a une ressource beaucoup plus simple dans le droit qui lui appartient, de réclamer contre l'acte qu'on lui aurait extorqué.

On avait pensé d'abord « qu'il devrait lui être permis d'exercer ce droit après le divorce prononcé ».

Mais c'eût été s'écarter de l'esprit de l'article 3, qui prend toutes les mesures possibles pour qu'après l'admission du divorce, il n'y ait plus rien à juger entre les époux.

On a donc considéré que « ces réclamations tardives devaient être interdites à la femme » ; qu'on ne devait admettre ces réclamations qu'avant le divorce. « Il y a des épreuves ; il y a une séparation provisoire : or, il est impossible qu'à une des époques de cette longue procédure, la femme n'ait pas trouvé l'occasion de réclamer contre la lésion qu'elle a souffert, et contre les violences qu'on a employées pour l'y faire consentir. »

Article quatrième. — « Ils doivent constater par écrit en même temps :

1° A qui les enfants de leur union seront confiés, soit pendant le temps d'épreuve, soit après le divorce prononcé.

2° Dans quelle maison la femme devra se retirer et résider pendant le temps des épreuves.

3° Quelle somme le mari devra payer à sa femme pendant le même temps, si elle n'a pas des ressources suffisantes pour subvenir à ses besoins. »

Les mesures que cet article prescrit se rapportent, les unes aux enfants, les autres à la femme.

La loi, fidèle au système que, dans le divorce par

consentement mutuel, il faut laisser liberté entière aux époux, les laisse s'accorder sur l'éducation des enfants, sur la maison où la femme se retirera, sur les aliments qui lui seront fournis; elle ne donne aucune règle; elle ne soumet rien à la décision du juge. Loin de là, le juge ne peut écouter les parties, si toutes les mesures préliminaires n'ont été définitivement arrêtées par elles.

C'est à notre avis, un des meilleurs arguments en faveur du divorce par consentement mutuel, que l'obligation imposée par l'article 4 aux époux décidés à divorcer de régler eux mêmes et dans les conditions qu'ils jugent les meilleures, la question de la garde des enfants et la question des intérêts pécuniaires.

Avec la loi actuelle, les magistrats jugent en cette matière, comme les aveugles des couleurs, et le plus souvent pour ne pas dire toujours, le plus grand intérêt des enfants que le législateur leur impose comme seule règle et qu'ils croient sincèrement respecter, est outrageusement méconnu. Il est certain que mieux qu'eux les parents sont à même de trancher une semblable situation.

De même pour les intérêts pécuniaires, on ruine un des époux au profit de l'autre en imposant des pensions trop importantes et que le condamné est dans l'impossibilité de payer. D'autrefois, c'est le résultat contraire qui se produit. Un époux digne du plus grand intérêt et sans ressource se voit allouer une pension dérisoire, alors que son conjoint riche, mais habile pourrait sans difficulté en donner une proportionnée à ses facultés et aux besoins de l'autre époux.

Il suffirait d'examiner rapidement les décisions rendues, pour se convaincre, avec quelle légèreté en même temps qu'avec la meilleure volonté du monde, la magistrature dépouille sans preuves certaines, sans justification sérieuse, l'un au profit de l'autre.

Article cinquième. — « Les époux décidés à divorcer par consentement mutuel se présenteront ensemble, et en personne, devant le Président du Tribunal de leur arrondissement ou devant le Juge qui en fera fonctions ; ils lui feront les déclarations en présence de deux témoins majeurs de vingt-cinq ans. »

Les formes de l'instruction que nous proposons augmentent encore les garanties contre les surprises. La nécessité de comparaître en personne ne souffre pas d'exception en cette matière, alors que tout dépend d'un consentement mutuel dont il faut s'assurer.

La présence de deux témoins majeurs de vingt-cinq ans n'est ici qu'une formalité nécessaire pour assurer l'exécution de la disposition exigeant la présence des parties. Les témoins donneront l'authenticité à la personnalité des époux, en même temps que par leur assistance ils pourront attester que la loi a été respectée.

Article sixième. — « Le Juge fera aux deux époux, et à chacun d'eux en particulier, en présence des deux témoins, telles représentations et exhortations qu'il croira convenables. Il leur donnera lecture du titre du Code qui règle les « Effets du Divorce » et leur développera toutes les conséquences de leurs démarches. »

L'article sixième a une importance toute particulière par la mission donnée au Juge. Il ne s'agit plus ici de la banale comparution en conciliation du divorce pour causes déterminées, qui a perdu toute son importance dans la pratique et que les magistrats en général expédient comme une corvée ennuyeuse et fastidieuse. Le rôle du Juge est élevé, important, et de lui, de son éloquence et de son cœur, de son habitude de la vie, devra résulter la rupture ou le maintien du lien conjugal. Nul doute que les magistrats ne comprennent combien leur intervention en semblable matière peut être efficace, et combien il dépend d'eux de réduire le nombre des divorces. Véritables arbitres de cette délicate question, le mariage subsistera t-il ou sera-t il rompu ; ils devront s'efforcer de tout faire pour éviter la dure nécessité du divorce. Nous ne doutons pas qu'ils feront mieux que bien, qu'ils feront l'impossible pour rétablir la vie commune entre les deux époux qui se confieront à eux.

Après les exhortations et les représentations aux deux époux ensemble et séparément, mais toujours en présence des témoins impartiaux, qui apprécieront l'effort du Juge, le magistrat réapparaît en tant qu'homme de droit et de savoir, et après avoir fait parler son cœur et son habitude de la souffrance humaine, il redevient juriste pour commenter, expliquer et faire comprendre à ceux qui l'ignorent et qui se soumettent à lui, les effets du divorce et leur conséquence légale. Cette partie de sa mission a, elle aussi, son importance instructive et elle est conforme aux vieux principes qui veulent en France que nul n'ignore la loi et que chacun puisse connaître les conséquences de ses actes.

Article septième. — « Si les époux persistent dans leur résolution, il leur sera donné acte, par le Juge, de ce qu'ils demandent le divorce et y consentent mutuellement. Ils seront tenus à cet instant de produire la convention prévue par l'article quatre, et le Juge en ordonnera le dépôt au greffe, ainsi que des actes de leur naissance et de leur mariage et des actes de naissance et de décès de tous les enfants nés de leur union. »

Nous croyons devoir expliquer ici, en quelques mots, les raisons qui nous ont fait supprimer de cet article, le consentement des ascendants qui était exigé par l'ancien Code civil.

Nous ne voyons pas, quant à nous, et c'est ce qui nous a décidé, l'utilité en matière de divorce de faire intervenir la famille. Si c'est pour réconcilier les époux, cette intervention sera sans succès ; jamais un conseil de famille ne rapprochera des époux las l'un de l'autre. Si la famille devient juge, elle ne sera pas impartiale : elle se divisera, et chacun, suivant ses inclinations et ses rapports, prendra parti entre les époux.

Voudra-t-on, pour empêcher cet effet, que la famille prononce d'après les motifs secrets des demandeurs ? Alors elle n'est plus qu'un tribunal, et le divorce a lieu pour causes déterminées. Les parents, d'ailleurs, ne mettent jamais un grand intérêt à ces sortes de discussions : les amis épousent les intérêts de l'époux avec lequel ils sont le plus liés.

D'ailleurs, les ascendants étant des êtres humains

sont le plus souvent faibles, indifférents, passionnés ou amenés à agir par des motifs d'intérêt.

Que ferait le plus souvent un père, si sa fille venait se plaindre de la conduite de son mari ; si elle venait déclarer qu'elle ne peut vivre avec lui ; si, par ses larmes, elle parvenait à émouvoir la sensibilité paternelle ? Le père céderait à sa faiblesse et consentirait au divorce et il arriverait le plus souvent qu'un époux paraîtrait coupable lorsque l'autre seul le serait.

En outre, les familles sont ou indifférentes ou passionnées ; et il en est ainsi même des ascendants, dans une pareille matière, les parents épousent les passions des époux.

En général, c'est une espérance bien vaine que celle qui fait croire qu'un conseil de famille, un père, une mère, des ascendants, tempéreront les passions et empêcheront le divorce lorsqu'il ne sera pas réellement nécessaire.

L'expérience a détruit depuis longtemps cette illusion.

L'intervention des ascendants est une ressource vaine et abusive.

Les pères et mères partagent assez souvent l'ambition de leurs enfants ; ils veulent aussi que le mariage existant fasse place à un mariage plus avantageux ; on doit donc craindre l'indulgence des familles, leur partialité, mais on doit craindre aussi que l'esprit d'intérêt n'intervienne et ne fasse refuser le divorce lorsqu'il est nécessaire, puisque ce motif porte souvent l'un des époux à résister au divorce, il peut bien aussi déterminer l'opinion des parents.

On pourrait en dernière analyse comprendre l'intervention des parents pour le divorce par consentement mutuel de mineurs, et encore cette intervention ne serait-elle pas justifiée, puisque du fait de leur mariage les mineurs sont émancipés et que notre projet de loi n'admet le divorce par consentement mutuel qu'entre majeurs.

Si les époux persistent dans leur résolution de divorcer, le Juge leur en donnera acte en même temps que de leur consentement mutuel, c'est le contrat qui se forme entre les parties et la loi. A ce moment, ils devront produire la déclaration prescrite par l'article quatre, qui est essentielle et sans laquelle la procédure ne peut continuer ; c'est un accord complet et sur tous les points qui peuvent surgir que la loi exige ; on comprend mieux ici l'importance de l'article quatre, la nécessité de régler par avance et définitivement la question des enfants, du domicile de la femme et des intérêts pécuniaires, c'est là le plus sûr obstacle apporté aux demandes de divorce inconsidérées.

La convention et les autres pièces énumérées par l'article 4 seront déposées au greffe; nous avons voulu éviter les interventions inutiles des officiers ministériels dans cette procédure de famille et éviter, autant que possible, les frais à faire.

Article huitème. — « Le juge fera immédiatement dresser par son greffier un procès-verbal détaillé de tout ce qui aura été dit et fait. Ce procès-verbal et les pièces ci-dessus indiquées seront déposés au greffe du Tribunal, ce procès-verbal contiendra l'injonction à la femme de se retirer dans les vingt-quatre heures, dans la maison convenue entre elle et son mari, et d'y résider jusqu'au divorce prononcé. »

Le procès-verbal prévu par cet article donnera la force exécutoire aux conventions arrêtées entre les époux, et ces conventions deviendront par là légales, la première conséquence sera l'injonction donnée à la femme de rejoindre dans les vingt-quatre heures le domicile qu'elle a choisi d'accord avec son mari. A partir de cet instant, on exécutera également ce qui aura été convenu pour les enfants et pour la pension alimentaire.

Article neuvième. — « Cette déclaration sera renouvelée de trois mois en trois mois, trois fois, dans la première quinzaine, du quatrième, du septième et dixième mois. A ce renouvellement de déclaration, les témoins n'auront pas à assister et aucun acte nouveau ne devra être produit. Chacune de ces déclarations sera constatée par le juge dans un procès-verbal déposé au greffe. »

L'article neuvième soumet les époux à une année d'épreuves. C'est à la persévérance des époux dans la longue initiation qu'elle leur fait subir, que la nouvelle loi reconnaît la force de leur volonté. Les époux sont obligés de comparaître de nouveau en personne, de trois mois en trois mois, pour répéter leur déclaration. De tels rapprochements sont le moyen le plus certain de s'assurer de la constance de leur résolution. Le juge n'a plus à ces trois comparutions d'observations à faire, il se contente de constater chaque fois dans un procès-verbal déposé au greffe les déclarations des époux. La présence des témoins cesse d'être nécessaire.

Article dixième. — « Dans la quinzaine du jour où sera révolue l'année à compter de la première déclaration, les époux, assistés chacun de deux témoins majeurs de vingt cinq ans se présenteront ensemble devant le juge qui en fera fonction. Le juge se fera remettre par le greffier les procès-verbaux et les pièces annexées. Les époux requéreront alors du magistrat, chacun séparément, mais en présence des quatre témoins, l'admission du divorce. »

Quand la résolution des deux époux a résisté à toutes les épreuves qu'on vient de voir, et qu'elle s'est soutenue pendant le laps d'une année, elle est, aux yeux de la loi, un signe non équivoque, qu'il existe des causes légitimes du divorce.

Les époux manifestent leur persévérance par un dernier acte appelé réquisition. C'est une mise en demeure qui sera faite séparément par chaque époux mais en présence des quatre témoins, le juge examinera avec le plus grand soin à nouveau les procès-verbaux et les pièces annexées que lui remettra le greffier. Ce sont là les seules formalités exigées pour l'admission du divorce.

La comparution doit avoir lieu dans la quinzaine de l'année révolue depuis la première déclaration. Si les époux ne se présentent pas à ce moment décisif, la loi ne croit plus que l'incompatibilité attestée par leurs déclarations antérieures, soit invariable, et que les causes qui l'ont produite ne puissent rien perdre de leur valeur; elle ne permet plus de les écouter qu'après les avoir soumis à de nouvelles épreuves.

Cette dernière comparution doit avoir lieu en personne, c'est le dernier espoir d'une réconciliation possible. La comparution est volontaire, si l'un des époux se retire il n'y a plus consentement mutuel.

Les quatre témoins, choisis de préférence parmi les amis des époux, sont appelés comme conseils et médiateurs, leur présence est très utile, ils peuvent avec le juge amener au dernier moment les époux à abandonner leur résolution.

Article onzième. — « Après que le juge aura fait ses observations aux époux, il leur sera donné acte de leur réquisition. Le greffier du Tribunal dressera un dernier procès-verbal qui sera signé, tant par les parties (à moins qu'elles déclarent ne savoir ou ne pouvoir signer, auquel cas il en sera fait mention) que par les quatre témoins, le juge et son greffier. »

Avant d'admettre la réquisition, le juge, secondé par les témoins, fera encore un dernier effort pour rapprocher les époux.

Si cette dernière tentative est infructueuse il ne reste plus qu'à prononcer le divorce.

Le greffier dressera alors un dernier procès-verbal qui sera autant que possible signé par les parties, les témoins, le juge et le greffier.

Article douzième. — « Le juge mettra de suite au bas de ce procès-verbal, une ordonnance portant que, dans les trois jours il sera, par lui, référé du tout au Tribunal en la chambre du conseil, sur les conclusions par écrit du Procureur de la République, auquel les pièces seront à cet effet, communiquées par le greffier. »

Cet article n'appelle aucune observation particulière.

Ariicle treizième. — « Si le Procureur de la République trouve dans les pièces la preuve que les deux époux étaient âgés le mari de vingt-cinq ans, la femme de vingt et un ans, qu'ils ont fait leur première déclaration, qu'à cette époque, ils étaient mariés depuis deux ans, que le consentement mutuel a été exprimé quatre fois dans le cours de l'année, dans les conditions prescrites par la loi; il donnera ses conclusions en ces termes: *la loi permet* ; dans le cas contraire, ses conclusions seront en ces termes, *la loi empêche* »

La seule observation que nécessite cet article consiste à faire remarquer que le ministère public, n'a qu'un devoir à remplir, la vérification des conditions et l'accomplissement des formalités exigées par la loi Son rôle est donc très limité, il n'a pas autre chose à apprécier. Ce rôle rempli il conclut par une formule : « *la loi permet* » ou « *la loi empêche.* »

Article quatorzième. — «Le Tribunal, sur le référé, ne pourra faire d'autres vérifications que celles indiquées par l'article précédent.

Si les parties ont satisfait aux conditions imposées par la loi, le Tribunal admettra le divorce, et en ordonnera la transcription sur les registres de l'Etat civil en marge de l'acte de mariage et dans le délai d'un mois à la diligence du greffier du Tribunal. Dans le cas contraire, le Tribunal déclarera qu'il n'y a pas lieu d'admettre le divorce et donnera les motifs de sa décision. »

Le Tribunal n'a pas à apprécier pourquoi les époux veulent divorcer et s'ils doivent divorcer ; eux seuls, c'est le but de la loi, sont juges de la question. Le Tribunal comme le ministère public examine seulement si les conditions et formalités exigées par la loi sont remplies ; si elles sont exécutées il prononcera le divorce, si elles ne le sont pas il le repoussera, mais alors, il doit indiquer les conditions ou les formalités qui n'ont pas été respectées et il doit les formuler dans son jugement.

Le divorce, une foi prononcé, les parties n'ont plus à intervenir pour le faire transcrire, il n'y a plus, comme dans le divorce pour causes déterminées, de réconciliation possible ; aussi chargons-nous du soin de veiller à la transcription le greffier du Tribunal, auquel un délai d'un mois est imparti pour assurer ainsi l'exécution de la décision.

Article quinzième. — « L'appel du jugement qui aurait déclaré ne pas y avoir lieu à admettre le divorce, ne sera recevable qu'autant qu'il sera interjeté par les deux parties, et néanmoins par actes séparés, dans les dix jours au plutôt, et au plus tard dans les vingt jours de la date du jugement de première instance. »

L'appel n'est ici recevable qu'interjeté par les deux époux, parce que le divorce ne peut avoir lieu que par le consentement de l'un et de l'autre.

Le délai court du jour du jugement et non du jour de la signification comme en matière ordinaire ; parce que dans le divorce par consentement mutuel, les deux époux sont demandeurs, que tous deux perdent également leur procès si le divorce est rejeté, que personne n'a donc dans ce cas intérêt à poursuivre l'exécution du jugement que les deux parties ont intérêt à voir disparaître et que par suite la signification n'a pas d'intérêt puisque l'exécution ne sera pas poursuivie. Les délais d'appel sont fort courts, la loi présume avec raison que si réellement la vie commune est insupportable aux deux époux, ils se hâteront de la dissoudre, que si leur empressement n'est pas aussi vif, c'est que la nécessité de continuer à vivre ensemble n'est pas certaine.

Article seizième. — « Les actes d'appel seront réciproquement signifiés tant à l'autre époux qu'au Procureur de la République. »

Le jugement n'a pas besoin d'être signifié ; mais il est nécessaire que les actes d'appel le soient ; chaque partie n'en peut être autrement avertie, la vie commune ayant cessé.

Le Procureur de la République doit lui aussi être prévenu pour qu'il puisse à nouveau examiner si les conditions et formalités prescrites par la loi ont été fidèlement exécutées.

Article dix-septième. — « Dans les dix jours, à compter de la signification qui lui aura été faite du second acte d'appel, le Procureur de la République, fera passer au Procureur général, l'expédition du jugement et les pièces sur lesquelles il est intervenu. Le Procureur général donnera ses conclusions par écrit, dans les dix jours qui suivront la réception des pièces, et dans les termes indiqués dans l'article treizième.

Le Président ou un des Conseillers composant la Chambre du Conseil de la Cour d'appel fera un rapport à la Cour en Chambre du Conseil, et il sera statué dans les dix jours qui suivront la remise des conclusions du Procureur général. »

Cet article est suffisamment clair pour ne pas demander de commentaires, il suffit de justifier la rapidité avec laquelle nous voulons voir juger de semblables affaires. Les magistrats de la Cour se trouvant comme ceux de première instance en présence d'une simple vérification, facile à faire et par conséquent devant être solutionnée promptement, il n'y avait donc pas lieu de leur laisser un temps indéterminé comme pour les cas où ils ont à vérifier les causes, à les apprécier et à prononcer sur leur mérite, il suffisait de leur donner le temps moralement nécessaire pour prononcer.

Article dix-huitième. — « Après le divorce par consentement mutuel comme après le divorce pour causes déterminées, la femme ne pourra contracter un nouveau mariage, que dix mois après la transcription du divorce sur les registres de l'État-civil.»

Le bon ordre exige quel que soit le mode employé pour divorcer, que la femme divorcée ne puisse pas, en contractant un nouveau mariage immédiatement après la dissolution du premier, laisser de doutes sur l'état des enfants dont elle pourrait être mère. Elle ne se mariera que dix mois après le divorce transcrit.

Article dix-neuvième. — « Le divorce par consentement mutuel fera disparaître les avantages que se seraient faits les deux époux soit par leur contrat de mariage, soit depuis le mariage contracté sous la réserve qui est stipulée par l'article troisième de la présente loi. »

Dans le divorce par consentement mutuel le mariage disparait aux torts réciproques, des deux époux, il n'y a donc aucune raison pour que les avantages que les époux se sont consentis avant et depuis le mariage subsistent. Cependant, ils sont libres de les maintenir, s'ils le désirent en vertu de l'article troisième de la loi qui leur impose avant toute demande de faire inventaire et estimation de leurs biens, meubles et immeubles, qui les oblige de régler leurs droits respectifs, mais qui leur laisse la liberté de transiger sur ces droits.

CONCLUSION

Le projet que nous proposons aux Chambres, est facile à comprendre, il a le mérite de la simplicité la plus absolue. Il présente toutes les garanties désirables pour que l'on puisse être certain de la volonté des deux époux de divorcer. Il s'inspire d'ailleurs dans la plus grande partie de ses articles de l'ancien Code civil, dont la sagesse en cette matière comme en tant d'autres, a été universellement reconnue, non seulement en France mais dans un grand nombre de pays étrangers qui appelés à modifier leurs lois civiles en ont copié les dispositions principales et se sont inspirés des autres.

TABLE DES MATIERES

Paris. — Impr. A. MALVERGE, 171, rue St-Denis